这里是辽宁

This is Liaoning

文体旅丛书

山海有情　天辽地宁

薪火

宁珍志 著

春风文艺出版社
·沈阳·

图书在版编目（CIP）数据

薪火 / 宁珍志著 . —沈阳：春风文艺出版社，
2025.2
（"山海有情 天辽地宁"文体旅丛书）
ISBN 978 - 7 - 5313 - 6665 - 2

Ⅰ . ①薪… Ⅱ . ①宁… Ⅲ . ①革命纪念地 — 介绍 — 辽
宁 Ⅳ . ①K878.2

中国国家版本馆 CIP 数据核字（2024）第 052643 号

春风文艺出版社出版发行
沈阳市和平区十一纬路 25 号　邮编：110003
辽宁新华印务有限公司印刷

责任编辑：姚宏越　平青立	责任校对：张华伟
封面设计：黄　宇	内文摄影：张维平　徐应钢
印制统筹：刘　成	幅面尺寸：138mm × 207mm
字　　数：161 千字	印　　张：6.5
版　　次：2025 年 2 月第 1 版	印　　次：2025 年 2 月第 1 次
书　　号：ISBN 978-7-5313-6665-2	
定　　价：60.00 元	

无尽的人地关系（代序）

　　近代地理学奠基人亚历山大·冯·洪堡认为，人是地球这个自然统一体的一部分。此观点随即让"人地关系"成为一个科学论题，也教给我们认识世界的方法。首先看地理，知吾所在；然后看人文，知吾是谁。

　　打开中国地图，或背负青天朝下看，东北有三省，辽宁距中原最近。南濒蔚蓝大海，北接东北平原，东有千山逶迤，西有医巫闾苍然，境内更兼辽、浑、太三河纵横。语曰：山川能说，可以为大夫。如此天辽地宁者，大夫不说，则愧对大自然所赐。

　　一方水土，藏一方文化。

　　看辽宁文化，需要回望1.2亿至2亿年前的辽西。深埋地下的热河生物群，几乎囊括了中生代向新生代过渡的所有生物门类。我们正是在那些化石上，看到了第一只鸟飞起的姿态，看到了第一朵花盛开的样子，看到了正在游动的狼鳍鱼瞬间定格之美。也正因为如此，辽西成为20世纪

1

全球最重要的古生物发现地之一，被誉为世界级化石宝库。看辽宁文化，更要回望古代先民在辽宁现身时那一道道照亮天穹的光。28万年前的金牛山人，25万年前的庙后山人，7万年前的鸽子洞人，1.7万年前的古龙山人，7000年前的新乐人和小珠山人，绳绳不绝，你追我赶，从旧石器时代走到新石器时代。当然，他们都只是演出前的垫场，千呼万唤中，大幕拉开，真正的主角是红山人。在辽西牛河梁上，我们看见了5000年前的女神庙和积石冢，还有那座巨大的祭坛。众流之汇海，万壑之朝宗，职方所掌，朗若列眉，从那一天开始，潺潺千古的大辽河便以中华文明三源之一，镌刻于历史之碑。

一方水土，写一方历史。

其一，辽宁在中原与草原之间，写中国边疆史，辽宁占重要一席。东北土著有东胡、濊貊、肃慎三大族系。东胡族系以游牧为生，慕容鲜卑让朝阳成为三燕古都，契丹把长城修到辽东半岛蜂腰处，蒙古大将木华黎则让辽宁乃至整个辽东成为自己的封地。濊貊族系以农业为生，前有扶余，后有高句丽，从东周到隋唐，各领风骚700年，一座五女山城，更是让居后者高句丽在辽东刷足了存在感。肃慎族系以渔猎为生，从黑水到白山，从生女真到熟女真，渤海将辽东山地大部划入其境，女真通过海上之盟与宋联手灭辽，然后把辽宁当成入主中原的跳板，满族则以赫图阿拉、关外三陵和沈阳故宫，宣布辽宁为祖宗发祥之地。其二，汉以前，中原文化对东北有两次重量级输入，一次是箕子东迁，一次是燕国东扩。汉以后，灭卫氏朝鲜设四郡，灭高句丽设安东都护府，中原大军总是水路与陆路并进，辽宁始终站在一条历史的过道上，要么看楼船将军来征讨，要么看忽报呼韩来纳款，坐看夷地成中华，阅尽沉浮与兴衰。其三，近代史从海上开始，渤海海峡被英国人称为东方的直布罗陀，旅顺口则被英国人改叫亚瑟港，牛庄和大连湾更是先后变成英俄两国开埠的商港，震惊中外的甲午战争、日俄战争、九一八事变，让辽宁成为举世瞩目的焦点，于是，在辽宁就有了东北抗联，就有了《义勇军进行曲》，就有了辽沈战役，就有了抗美援朝保家卫国。历史一页页翻过，页页惊心动魄。

一方水土，生一方物产。

最天然者，一谓矿藏，二谓鱼盐。那些被电光石火熔化挤扁的物质沉睡地层亿万年，它们见过侏罗纪恐龙如何成为巨无霸，见过白垩纪小行星怎样撞击地球，也见过喜马拉雅运动和第四纪冰河。千淘万漉虽辛苦，吹尽狂沙始到金。于是，我们看到了，辽东有岫玉，辽西有玛瑙，抚顺有煤精，鞍山有铁石，盘锦虽是南大荒，地上有芦苇，地下有油田。更何况，北纬39度是一个寒暑交错的纬度，也是一个富裕而神秘的黄金纬度，在这个纬度上有诸多世界名城，它们是北京、纽约、罗马、波尔多、马德里，当然还有大连和丹东；在这个纬度上，有美丽而神奇的自然风景，它们是塔克拉玛干沙漠、库布其沙漠、青海湖、日本海、里海、地中海、爱琴海，当然还有环绕辽东半岛的渤海和黄海。公元前300年的"辽东之煮"，曾助燕一举登上战国七雄榜，而距今3000年前的以盐渍鱼现场，在大连湾北岸的大嘴子。迄至近世，更有魏子窝和复州湾走上前台，令大连海盐成为国家地理标志性产品。而大连海参，就是冠绝大江南北的辽参；大连鲍鱼，就是摆在尼克松访华国宴上的那道硬菜；丹东大黄蚬、庄河杂色蛤，则是黄海岸亚洲最大蚬子库的一个缩影。此外，还有营口海蜇、营口对虾、盘锦河蟹。辽河与辽东湾，你中有我，我中有你，方有奥秘杰作。最生态者，一谓瓜果，二谓枣栗。大连苹果、大连樱桃、桓仁山参、东港草莓、丹东板栗、黑山花生、朝阳大枣和小米、绥中白梨和鞍山南果梨，还有铁岭榛子、北票荆条蜜、抚顺哈什蚂、清原马鹿茸……物之丰，产之饶，盖因幅员之广袤，蕴含之宏富，土地之吐哺，人民之勤勉。

一方水土，养一方风俗。

古人曰：千里不同风，百里不同俗。古人又曰：历世相沿谓之风，群居相染谓之俗。古代辽宁，在农耕文明与游牧文明交互地带；近现代辽宁，在东方文明与西方文明对接地带。于是，土著文化、移民文化、外来文化在大混血之后，走向了融合与多元。于是，这个文化以其边缘性、异质性、冒险性，既穿行于民间，也流布于市井。在时光中沉淀过后，变成了锅灶上的美食，变成了村头巷尾的戏台，变成了手艺人的绝活儿，变成了过年过节的礼仪和讲究。最有辨识度的辽宁美食，在沈阳有满汉全席、老边饺子、马家烧麦、苏家屯大冷面；在大连有海味全家福、海菜包子、炸虾片、炒焖子；在鞍山有海城馅饼、台安炖大鹅；在抚顺有满族八碟八碗；在本溪有蝲蛄豆腐；在丹东有炒米糁子；在锦州有沟帮子熏鸡；在阜新有彰武手把羊肉。最具代表性的民间艺术，在沈阳有辽宁鼓乐、沈阳评剧、东北大鼓；在大连有复州皮影戏、长海号子、金州龙舞；在鞍山有海城高跷、岫岩玉雕；在抚顺有煤精雕刻、地秧歌；在本溪有桓仁盘炕技艺；在锦州有辽西太平鼓；在盘锦有古渔雁民间故事。最原真的民族风情，以满族、蒙古族、回族、朝鲜族、锡伯族为序，在辽宁有五个系列。若要下场体验，可以去看抚顺新宾满族老街、本溪同江峪满族风情街；可以去看阜新蒙古贞庄园、北票尹湛纳希纪念馆；可以去看沈阳西关回族美食街；可以去看沈阳西塔朝鲜族风情街、铁岭辽北朝鲜族民俗街；可以去看沈阳锡伯族家庙、锡伯族博物馆。民俗之复兴，是本土文化觉醒的重要标志，风情之淳朴，是本土文明的真正升华。

一方水土，扬一方威名。

近代世界，海陆交通，舟车四达，虽长途万里，须臾可至。当代世界，地球是平的，都会名城，同属一村，经济文化，共存一炉。辽宁是工业大省，前有近代工业遗产，后创当代工业传奇，写中国工业编年史，辽宁是不可或缺的重要一章。尤其是当代，辽宁既是名副其实的共和国长子，也是领跑共和国工业的火车头。沈阳铁西区，已经成为"露天的中国工业博物馆"。旅顺大坞、中船重工、大连港、大机车，已经以"辽宁舰"为新的起点，让现在告诉未来。鞍山钢铁厂、抚顺西露天矿、本溪湖煤铁公司、营口造纸厂、阜新煤炭工业遗产群，则用会当水击三千里的底气，托起辽宁工业腾飞的翅膀。辽宁是文博大省，行旅之游览，风人之歌咏，必以文化加持，而最好的载体，就是深沉持重的文博机构。辽宁在关外，文化积淀虽比不上周秦汉唐之西安，比不上六朝古都之南京，比不上金元明清之北京，却因地域之独特，而拥有不一样的出土，不一样的珍藏。而所有的不一样，都展陈在历史的橱窗里。既然不能以舌代笔，亦不能以笔代物，那就去博物馆吧。文物是历史的活化石，正因为有辽宁省博物馆、辽宁古生物博物馆、大连自然博物馆、旅顺博物馆、朝阳博物馆以及朝阳鸟化石国家地质公园等等，辽宁人确切地知道自己是谁，究竟从哪里来，因而对这方土地保持了永远的敬畏与敬意。辽宁也是体育大省，因为有四季分明的北方阳光，因为有籽粒饱满的北方米麦，也因为具备放达乐观的北方性格，辽宁人的运动天赋几乎是与生俱来。所以，田径场上，就跑出了"东方神鹿"王军霞；足球场上，就踢出了神话般的辽宁队、大连队；奥运会上，更有14个项目获得过冠军。最吸睛的，当然是足、篮、排三大球，虽然没有走向世界，但在中国赛场上，只要辽宁队亮相，就会满场嗨翻。看辽宁人的血性，辽宁人的信仰，就去比赛场上看辽宁队。

当今中国，旅游经济已经走过三个时代，这三个时代分别是观光时代、休闲时代、大旅游时代。观光时代，以旅行社、饭店、景区为主，最多逛逛商业街，买买纪念品，完成的只是到此一游。休闲时代，以行、游、住、食、购、娱为主，于是催生了"印象系列""千古情系列""山水经典"系列，也只不过多了几个卖点。如今已是大旅游时代，特点是旅游资源无限制，旅游行为无框架，旅游体验无穷尽，旅游消费无止境。就是说，考验一个地方有没有文化实力的时候到了，所谓大旅游时代，就是要把一个资源，变成一个故事，一个世界，一个异境，然后让旅游者蜂拥而至，让这个资源成为永动机，让情景地成为去了再去、屡见屡鲜的经典。

正因为如此，有了这套"山海有情 天辽地宁"文体旅丛书，梳理辽宁文体旅谱系，整合山水人文资源，献给这个方兴未艾的大旅游时代。

素 素

2025年1月于大连

目录

自古英雄出少年
——周恩来少年读书旧址纪念馆

"为中华之崛起而读书",数十年来这一经典名句已经成为中小学生心灵世界的座右铭,即便在浩浩的成人世界也是人尽皆知。这句励志名言,出自在沈阳奉天省官立东关模范两等小学校读书的少年时代的周恩来。1910年秋至1913年春,周恩来在这所学校度过了3年学习生活,这期间他经历辛亥革命,接触进步教师,阅读进步书刊,受到"天下兴亡,匹夫有责"等爱国思想的熏陶影响,他从自身做起,立志为中华之崛起而读书。

奉天省官立东关模范两等小学校位于沈阳市大东区东顺城街育才巷,现存两栋教学楼和一座礼堂,系1910年至1911年间建成。1978年,该址成为周恩来少年读书旧址纪念馆之后,对教学楼和礼堂进行修复,复原了周恩来上课的教室,并在一楼开辟出4个辅助陈列室,同年向社会全面开放。1979年,在教学楼二楼又开辟了展览室,陈列周恩来照片、手稿,以及用过的桌椅等。2007年,东北育才学校对周恩来少年读书旧址纪念馆进行了全面修缮,并重新布展,增设了周恩来少年时代的阅览室,展室由原来的4个增加至7个,还运用现代化的电光声媒展示手段,重点突出周恩来在东关模范两等小学校的学习生活,形象、生动、翔实地再现了周恩来光辉的一生,充满历史画面感。

周恩来少年读书旧址纪念馆的广场开阔平坦,先映入眼帘的是

立
校學小

开馆时间
上午: 9:00—11:30
下午: 13:30—16:00

奉天省官立东关模范两等小学校旧址

天奉
範模關東

少年周恩来塑像

枫叶红花岗岩材质的长方形座碑，镌刻着郭沫若题写的"周恩来同志少年读书旧址"，字体硬朗、瘦削、飘逸。前行30米，是黑色大理石基座上站立的少年周恩来塑像，左手扶腰，右手持书本，朝气勃勃，直视前方。正面镏金的"为中华之崛起而读书"是周恩来手写体，背面是周恩来在此校读书的简况。广场一侧有青砖青瓦垒砌的牌坊，白底黑字的"大江歌罢掉头东，邃密群科济世穷。面壁十年图破壁，难酬蹈海亦英雄"，是周恩来1917年东渡日本留学时所写。刚步入青年时代的宏伟蓝图，与少年时所立之志互相吻合、一脉相承，这种不变与接续，正是周恩来一生呕心沥血、为国为民的小小缩影。

周恩来读书的阅览室、上课的教室，在绿树掩映的二层小青楼内经过年代复原，遥远的沧桑与素朴扑面而来，虽然不可能复原得严丝合缝，但背景、氛围、气息是有的，能令参观者驻足凝望、沉思，遥想当年周恩来是如何在此环境里立下平生远大志向的。中华民族的英雄、领袖，有常人般亲和、朴素、勇敢、坚定的一面，也有与常人不一样的地方，即胸怀和视野、努力的程度和进取的信念。一件件实物，一张张图片，一幅幅画图，一本本书籍，一页页纸函……7个展室所包含的内容，也难以说尽周恩来所作出的贡献。看着他听课的样子、读书的样子、讲演的样子、踢足球的样子……少年时代的周恩来，的确在奉天官立东关模范两等小学校留下了许多鲜活的画面，弥足珍贵，让人引为楷模。令人印象深刻的是周恩来在校时写的一篇作文。

…………

吾校司教育之诸公乎！诸公为国家造人才，当殚其聪明，尽其才力。求整顿宜重实际，务外观先察内容，勿自骧行检，以失人则效；勿铺张粉饰，以博我名誉；更勿投身政界党会，谋利营私，以纷扰其心志，而日事敷衍。校长为学生择良教材，教习为学生谋深造就，守师严道尊之旨，除嚣张浮躁之习。注重道德教育，而辅之以实利美感，更振之以军国民之精神。教育美满，校风纯正，则此纪念日乃可因之而永久。由第二周年，以至第三周年，而达于无穷期之周年者，实赖我司教育诸公之热心维持而已矣。

吾全校之诸同学乎！吾人何人，非即负将来国家责任之国民耶？此地何地，非即造就吾完全国民之学校耶？圣贤书籍，各种科学，何为为吾深究而悉讨？师之口讲指画，友之朝观夕摩，何为为吾相切而相劘？非即欲吾受完全教育，成伟大人物，克负乎国家将来艰巨之责任耶？以将来如许之重负，基础于小学校三四年中，同学，同学，宜如何奋勉，始对之而不愧哉！一物不知，学者之耻。同学其博学乎？好问则裕，自用则小。同学其审问乎？思之思之，鬼神通之；差以毫厘，谬之千里。同学其慎思而明辨乎？学矣，问矣，思辨矣，而犹或浅尝辄止，见异思迁，躐等以求进，自是而非人焉。吾恐同学之智识亦无由新，道德亦无由固，而欲丛人才、蔚国器，难矣。如是，则书不将虚此读，业不将虚此习，师不将虚此教诲，友不将虚此切磋，吾模范学校不将虚此造就……

这是周恩来以《东关模范学校第二周年纪念日感言》为题作文的主要段落，全文在奉天省教育品展览会上展出，被选为1913年甲等作文，收入《奉天教育品展览会国文成绩》一书。专业人士对作文的评语是："教不如此，不足以言教；学不如此，不足以言学；学

周恩来塑像

校不如此，不足以言学校；文章不如此，不足以言文章。""心长语重，机畅神流。"1915年，上海进步书局出版的《学校国文成绩》和上海大东书局出版的《中学生国文成绩精华》，均收入了这篇作文。细读这篇作文，慷慨激昂，一气呵成，动之以情，晓之以理，滔滔如黄河流水，才明了周恩来立下"为中华之崛起而读书"的雄心壮志，有着深深的感情基础。一株大树从繁茂肥沃的内心田野长出，必然有幼苗的成长期。

1910年至1913年，周恩来12岁到15岁，这个年龄段的少年，在校读书学习的时候，究竟能想到些什么？一所重点初中或高中？一所名牌大学？抑或将来收益良好的工作单位？都没有错，现实的目标针对性很强，却稍嫌功利性。而周恩来，却把目光和心境伸向了远方，成为人们学习和敬仰的榜样。走出周恩来少年读书旧址纪念馆，漫步在广场，在鸟语花香的春深处，聆听临近学校朗朗的读书声，心潮久久不能平静。

终于能够公开的名单

——中共满洲省委旧址纪念馆

往事会给后人诸多启示：精华，继承；糟粕，剔除。

在开放的中共满洲省委旧址纪念馆的各个展室里，原中共满洲省委的历届领导人及组织成员的名单，已经可以公开展示，甚至在中共满洲省委旧址纪念馆的一张折叠的单页说明书上，也有历届省委组织构成的详细列表。当然，引人注目的，还是走进纪念馆，左侧外墙镶嵌的中共满洲省委历届领导人的大幅木刻肖像，黑白色，冷峻庄严。从1927年10月到1936年6月，中共满洲省委在其生存发展的8年零8个月的峥嵘岁月里，领导东北各地的党组织和各族群众，进行了英勇顽强的反对封建军阀和日本帝国主义侵略的英勇斗争，谱写出可歌可泣的壮丽篇章。

就"满洲"一词的含义来说，它原本是东北的一个民族，不能也不应将其代表整个东北。多年来，出于特定的历史原因，人们沿袭了这个久远的称呼，"满洲"遂成了那个时期东北地区的专指名词。我们党也借用了，把本该定为"东北省委"或"奉天省委"的名称，习惯地称为"满洲省委"，并沿用了"北满""南满""东满"等一系列旧的地区名称，这是历史的沿袭和局限。

中共满洲省委的存在，以及所领导的反抗斗争，使之不可能不成为敌人的眼中钉、肉中刺。中共满洲省委组织名单上的人员必然成为敌人费尽心机想要捕获的目标。自成立以来，中共满洲省委遭

中共满洲省委旧址纪念馆展室

到敌人5次大规模破坏，先后有8位书记、11位省委常委被捕。据不完全统计，党团员、爱国志士及群众有2800余人被捕，被杀害的能查到姓名的就有624人。

如此惨重的损失，如此高昂的代价，是中共满洲省委于血雨腥风中不畏牺牲的最好见证。它一方面说明敌人的镇压之疯狂和屠杀之血腥，另一方面也说明来自内部一小部分意志薄弱的投机分子，在关键时刻背叛了革命、出卖了组织。尽管满洲省委组织有十分严格的保密程序，但通过叛徒，敌人还是窃取了一部分情报，给整个东北地区刚刚兴起的革命运动造成了重大损失。

在那个特殊年代，出现叛徒，不足为奇，那只是浊流，终究被滚滚向前的革命巨浪吞没，在历史的长河中，总是正义和进步的力量获得胜利。

1929年8月底，杨靖宇（化名张贯一）担任中共满洲省委抚顺特支书记时，因叛徒出卖被捕。敌人多次审讯，他仍矢口否认自己是共产党员。在叛徒范青的当面指认下，敌人断定他是抚顺共产党的领导人，对他施用重刑，连续逼供五六个昼夜，杨靖宇多次昏死，却始终没有吐露党的任何机密。

1930年11月，林仲丹（即张浩）被捕。敌人根据叛徒提供的情报，确认他是满洲省委派来的重要干部，多次对他进行审问，并严刑拷打。林仲丹就是不向敌人低头，在审讯中同敌人展开巧妙周旋，却不暴露有关党组织的任何情况。因此，敌人曾怀疑他是疯子。

奉天特委书记杨一辰被捕后，由于叛徒出卖，敌人知道他是共产党领导人，便疯狂地对他施行突击审讯。杨一辰被打得死去活来，敌人仍然不放过他，又对他搞"疲劳战术"，白天黑夜轮流审问他，企图拖垮他，逼他屈服。杨一辰毅然绝食，以死来向敌人抗争。敌人无计可施，恶狠狠地说他是"亡命徒"。

中共满洲省委旧址纪念馆展室

奉天特委第四届书记张有才被叛徒于冀贤出卖，遭到敌人逮捕。日本宪兵队多次对他刑讯逼供，而他从未暴露自己的真实身份。当高等检察官把叛徒于冀贤叫来当面对质时，张有才说："于冀贤卖国求荣，栽赖我是共产党。"在堂堂正正的铁打的汉子面前，叛徒无言以对。

由于叛徒出卖，赵尚志被捕后身份暴露；由于叛徒出卖，刘少奇、孟坚在奉天纺纱厂门前被捕入狱；由于叛徒出卖，何宝珍被捕后惨遭敌人杀害；由于叛徒出卖，第六届满洲省委书记李子芬、团省委书记饶漱石等多名同志被捕……中共满洲省委不足10年的战斗历程，每一次遭遇的损失，都与叛徒有关。

因此，采用化名，成为中共满洲省委所有领导人的独特工作方式。它不仅有利于防范外部敌人追捕，也有利于对付内部突然出现的变节分子。党的地下斗争，一般都是单线联系，万一出现叛徒，他也只知其一，不知其二，能给被捕的同志回旋的时间，想几套应付策略。可是，一旦关键节点发生险情，也是没有办法，只有靠共产党人的觉悟和信念，临时处理突然而至的各种问题。

第一届满洲省委书记陈为人，曾经用陈维仁、陈涛、老韩、陈天民、韩守信、张惠生等30多个化名；杨靖宇、周保中、刘少奇、张浩、陈潭秋、李兆麟、饶漱石、赵尚志等满洲省委领导，哪一位没有三五个化名？今天，我们把他们真正的姓名公之于众，大家才恍然大悟。不然的话，阅读有关中共满洲省委的资料，读者确实有困难。甭说别的，光是那些在不同场合、不同时期的化名，就够分辨一阵子的了。在那个极端困苦的年代，党的组织和个人只是"星星之火"，相关资料很难保存，多数情况下为预防敌人搜捕，文件往往看完、用过之后，马上烧毁。所以，现在搜集整理有关满洲省委的对敌斗争事迹，在某种程度上，还要依靠当时的日伪报刊和档案资料，特别是上面关于被敌人逮捕后英勇献身的同志的记录。比如说赵一曼被捕后和敌人的斗争以及写给儿子的信，就是通过敌人档案查阅到的；还有杨一辰的绰号"杨大胆"，都是在敌人的报刊、档案中发现的。

因为使用化名，可能我们现在还没有发现某些同志在当年的英勇事迹，甚至有一些就被忽略过去了。有的化名用一年、半年、一个月，有的化名则用三五天，甚至一两天。根据斗争需要，根据情况变化，不断改换身份，不断更新地点，今天南、明天北……中共满洲省委在敌人的严密封锁和追捕下从事秘密斗争，哪有规律可循呢？化名，只能是躲避敌人、保存自己的办法之一。

如此，即使敌人依靠叛徒掌握了中共满洲省委的一些组织名单，或逮捕了一些同志，面对诸多化名，短时间内也没有办法搞清楚。被捕的同志，凭借敢于斗争的坚强和善于斗争的智慧，就能在敌人法庭上或监狱里周旋迂回。在中共满洲省委的历史中仔细寻找，不少同志用化名迷惑敌人，不暴露身份，哪怕面对叛徒，也有转危为安、化险为夷的可能性。

叛徒与化名，是中共满洲省委全部斗争过程的突出现象，或叫作特征。铺展开去，在中国人民解放事业的伟大斗争中，特别是党在白区开展的地下秘密斗争中，叛徒的出现，化名的运用，可以说屡见不鲜。在事业的初期阶段，总会有投机分子混迹于革命队伍，风平浪静时，他们是同路人，一旦到了危急关头，贪生怕死、贪图安逸享乐的本性便会暴露，不惜出卖党的利益和身边的同志，向敌人屈膝投降。然而，哪一个叛徒会有好下场呢？

在终于能公开中共满洲省委各届领导人名单和组织机构的今天，不妨也把此期间投敌叛变的变节分子列一个清单，用以警策后人，看叛徒的名字在为国为民捐躯的先烈们面前，是何等渺小。到沈阳市和平区福安里3号来，到中共满洲省委旧址纪念馆来，了解当年革命前辈们英勇斗争的更为丰富、更为翔实、更为生动的遗物、图片及事迹介绍，在那个素朴的小院里，有着闪光的叙述。

民宅

福安里

开馆时间
9:00-16:30
(16:00停止入馆)

全年免费开放，每周一闭馆（节假日除外）

刘少奇旧居纪念馆

中共满洲省委旧址纪念馆门前

倒下的炸弹

——"九·一八"历史博物馆

在"九·一八"历史博物馆院内，有一座用钢筋混凝土浇筑的炸弹尾翼形状的纪念碑。这是当年日本侵略者为炫耀其发动的九一八事变"功绩"而建立的。如今，已被胜利的中国人民推倒，成为日本侵略者的罪证之一。

日本侵略者发动的九一八事变蓄谋已久。时任日本驻奉天特务机关辅佐官的花谷正在《我们如何计划发动九一八事变》一文中并不隐瞒："那时，形成扩张主义乃是世界一种必然，日本如果没有东北，则不可能生存下去……日本很可能失去其在大陆的脚手。面临世界形势的危机，日本应走的道路，实唯有将东北从中国本土分离。"赤裸裸的侵略扩张主义行径，偏偏还要在国际局势上寻找借口；在他国领土上肆意妄为，竟强词夺理说"失去"——强盗逻辑。

参观沈阳"九·一八"历史博物馆，面对解说员时而低沉、时而悲愤、时而激昂的解说，我们的内心所遭受的冲击难以用语言表述。炸弹碑就明晃晃地放在那儿，迈进"九·一八"历史博物馆大门，就能看见。此炸弹碑是日本侵略者在1938年建立的，原在现在位置北约200米处，直立地面。新中国成立后，这个"钢筋铁骨"的庞然大物，被推倒后迁至此地。

这枚被推倒的"炸弹"的历史，其实就是日本军国主义分子的

柳条湖九一八事变炸弹碑

侵略史。据花谷正说，早在1931年春季，日本方面就拟好了柳条沟事件（即九一八事变）的预案，即准备武装占领中国东北的大致计划，由于各方面的条件尚未成熟，军事准备有欠缺推迟执行罢了。在此说明一下，来自日本的文字都把"柳条湖"称为"柳条沟"，并非先后易名或是地点改变，而是当年的奉天报纸报道九一八事变时，把"柳条湖"的"湖"字错排成了"沟"字，后被不少人沿袭误用。掌握日本全陆军预算和政策制定权的军事课长永田大佐在1930年至1931冬春之际对中国东北地区的视察，其实是检查并落实日本的侵略计划的。花谷正等军国主义分子认为，攻克沈阳必须使用重炮。这重炮便是第一次世界大战时，为日军进攻中国青岛发挥了威力的240毫米榴弹炮。后经日本中央本部决定，1931年7月，这两门240毫米的榴弹炮秘密从日本运往沈阳。

而在沈阳的日本独立守备队，名义上说修建游泳池，早挖好了深1米、宽7米的深坑，然后又在坑上面搭了一个7米高、10米见方的铁皮房子，接着开始安装重炮。为避人耳目，安装工作只在午夜12时至黎明前3时之间进行。由于天气炎热，又是重体力劳动，连续3个晚上的作业，使许多日本兵都得了夜盲症。240毫米的榴弹炮安装完毕，主攻目标就是驻有东北军主力部队的北大营。为了万不得已时步兵也能操作大炮，日军还对守备队的步兵进行了炮兵操练，对重炮的每个射击目标都做了标记。实弹射击时，只要把标尺对准这些标记，炮弹就能命中目标。一切准备就绪后，则宣布这是高射炮阵地。尽管中方对此持怀疑态度，并在重炮阵地附近增设了岗亭，日夜监视，但仍无济于事，因为此时已经是9月10日以后了，九一八事变即在眼前。

就是这大口径的榴弹炮，在9月18日夜晚日本侵略者攻占北大营的事变中，实现着日本帝国主义梦寐以求的占领东北进而侵吞中国的企图。

当年事变目击者、90多岁的韩永泰老人曾讲述过，9月18日晚，"共落下三发炮弹，第一发炮弹落在北大营跟前南面的小桥上，接着第二发落在望花屯，第三发落在北大营的西门附近。那真是惊人的巨响。于是，日本军的装甲列车很快从南边赶来，士兵们向着北大营的西门发起攻击"。这天夜里，韩永泰在离柳条湖爆破现场300米处的菜园小屋，与往常一样，和同伴们正要睡觉。铁路附近，只有他们那间小屋，再无别的人家。老人说，那天晚上月亮半圆，繁星满天。突然从铁路方向传来了爆炸声，很快就响起了枪声，大家便慌慌张张从小屋里跑出去了。

日本侵略者欲盖弥彰的把戏，只能是蒙混一时。1982年，沈阳市文物管理办公室对这座倒下的炸弹碑所做的说明文字，才是事实真相："1931年9月18日夜10时20分，驻扎在中国东北地区的日本关东军，在南满铁路柳条湖附近，自己炸坏了铁路，发动了侵略战争……"

"九·一八"历史博物馆的解说员告诉我，每年来此参观的日本人的确不少，更多的是默哀不语，为自己国家发动的侵略战争给中国人民造成的灾难，表示深深忏悔。也有一些当年的日本军人，在倒下的炸弹碑面前感到"自豪"。据翻译介绍，他们仍为重炮炸弹在事变中建立的"功勋"兴奋不已。据日本NHK广播协会编的《皇帝的密约》透露，曾有参加过侵华战争的一些日本人，在日本一闻到洋槐花的香味，马上想到了在中国东北的生活。联想到日本右翼分子和某些政府官员对我国领土钓鱼岛的染指，尤其值得警惕日本军国主义复活，再兴风浪。

1997年9月，在又一个"九一八"到来前夕，时任日本首相的桥本龙太郎在沈阳访问期间，参观了"九·一八"历史博物馆。在工作

夜十時許

日軍自操南滿鐵路柳條湖
路段反誣中國軍隊所爲遂
後依此大舉我東北軍將士
在不抵抗命令下忍痛撤退

國難降臨人民奮起抗爭

"九·一八"历史博物馆的残历碑

人员带领、讲解下，桥本首相先后参观了残历碑、炸弹碑和展览厅，最后用毛笔写下"以和为贵"4个中文大字。桥本首相对记者说："我们无论怎样健忘，也不能忘记历史。我们必须承受起历史的重负。我本人就是怀着正视历史的愿望来到这里的。我们应该在这个基础上，加强日中关系，面向未来。"桥本龙太郎所说的历史，当然是指日本帝国主义曾经悍然发动的对中国人民的侵略战争。尽管他只字不提"侵略"，而用"历史"替代，但是侵略的历史抹不掉。

之后的日本政坛有小渊惠三、森喜朗、小泉纯一郎、安倍晋三、福田康夫、麻生太郎、鸠山由纪夫、菅直人、野田佳彦、菅义伟、岸田文雄等首相轮流上台，可从未有一人敢于直面侵略中国的历史。他们当中的某些人或以各种方式参拜靖国神社，继续为军国主义分子吊孝招魂，或以沉默替代，顾左右而言他，继续秉持军国主义立场。特别是在钓鱼岛、台湾、南海等有关我国领土主权的核心利益上，明里暗里手脚不断，与当年侵略者的口径、心态如出一辙。缺少忏悔意识与改正行为，是日本军国主义分子对亚洲和平、世界和平的重要威胁之一。

"九·一八"历史博物馆的宽阔大院，就在"倒下的炸弹"的前后左右，矗立着一座座"反战""和平"的纪念碑，而且是到此参观访问的日本团体和个人自愿竖立起来的。其中有日本侵华历史传讲会立下的"反霸权、反战争、反侵略"的黑色理石方碑，上面镌刻的镏金黑体字分明是认罪："值此日本侵华战争结束六十周年之际，爱好和平、反对战争的日本人民，特建此碑以示纪念。"尽管这种认罪态度并不明晰。还有"反战碑"，由日本14个团体、百余人署名竖立，还有"我们祝愿世界人类的和平"的灰色花岗岩立柱……

"勿忘国耻"警世钟

血肉长城代表者

——东北抗日义勇军纪念馆

在桓仁满族自治县境内的东北抗日义勇军纪念馆参观，心情格外沉重，不仅有对革命先烈奋勇杀敌、不怕牺牲英雄壮举的回顾与敬仰，也满怀对历史的珍重和对后世的警醒。桓仁是辽宁的旅游胜地，也是东北义勇军和东北抗联第一军抗日的重要作战地，东北义勇军纪念馆设在桓仁得天独厚。纪念馆于2017年7月10日开始兴建，2018年9月建成开放，历时14个月，暗合了中国人民长达十四年的抗战史。纪念馆是三层建筑，呈阶梯状。

三层寓有多重含义：一是代表义勇军三个时期，即发动时期、扩大时期、整理时期；二是表示义勇军三个特性，即自发性、广泛性、复杂性。一层展示东北抗日义勇军的战斗历程，二层是国歌厅和抗日义勇军将士名录，三层是多功能厅和文物库房。东北抗日义勇军纪念馆填补了国内原本没有义勇军纪念馆的空白。

一楼序厅迎面位置的群雕威武庄严，包含东北抗日义勇军各方面的代表人物。在抗日义勇军兴起之时，党就派出了杨靖宇、赵尚志、李兆麟、周保中、冯仲云等200余人，前往东北各地的义勇军队伍中进行组织协调指导。群雕形象精神抖擞、威武雄壮，显现出革命先烈奔赴抗日疆场视死如归的英雄豪气。两侧浮雕是义勇军的战斗姿态，有的呈射击状，有的纵马驰骋，有的呈隐蔽状，再现了义勇军战士转战白山黑水的杀敌现场。一楼走向二楼的楼梯拐弯处，

东北抗日义勇军纪念馆远景

东北抗日义勇军纪念馆正门

墙壁上大型版画《血肉长城》分外引人注目，这是桓仁几位艺术家联手创作的，线条清晰、生动细腻，着力刻画了131位抗日英雄的形象：不愿做奴隶的人们奋起抗争，用血肉之躯筑起新长城的宏阔场景。

东北抗日义勇军崛起于辽宁，随后吉林、黑龙江、热河等省区纷纷效仿组建，最多达50万人之众。其成员既有原东北军将士，也有警察、工人、农民、士绅、教师、学生，还有绿林好汉及无业流民，与国内外各界抗日力量一起，汇成强大的抗日洪流。抗日义勇军舍生忘死，用简陋的武器与武装到牙齿的日军进行殊死斗争，共计战斗1400余次，牺牲10余万人，歼灭日伪军4万余人，阻滞了日军侵略的进程。1933年后，东北抗日义勇军转入低谷，一部分继续抗战，后大多被编入东北抗日联军，在中国共产党领导下战斗不息，直至迎来抗日战争的全面胜利。解说员清晰的声音，在静静的展厅里余音袅袅。

缓步走向二楼国歌厅，无论轻声哼起，还是心中默唱，高昂的旋律自然能激动人心，《义勇军进行曲》的歌声在我的脑海里展现了一幅幅波澜壮阔的历史画面。这首歌本来是电影《风云儿女》主题歌，田汉作词、聂耳作曲，完成于1935年4月。此时东北抗日义勇军已在日伪势力和叛徒奸细的内外夹击下，处于危难境地。但民族存亡的国难关口，肯定有勇敢者。1933年3月，在中共中央文化工作委员会领导下成立的电影小组，仍坚持赶排电影《风云儿女》。田汉和聂耳是好友，更是进步青年，他俩共同创作了14首歌曲，其中之一就是《义勇军进行曲》。1933年初，由辽宁民众自卫军改编的东北抗日义勇军第三军的抗日战绩和长城抗战的悲壮场面，激发了田汉的创作激情，古北口抗战成为《风云儿女》的创作背景和素材来源，田汉与义勇军领袖唐聚五多次接触，辽宁民众自卫军发布的

东北抗日义勇军纪念馆内部陈列

东北抗日义勇军纪念馆门前的石刻，上面镌刻着"国歌唱起的地方"几个大字

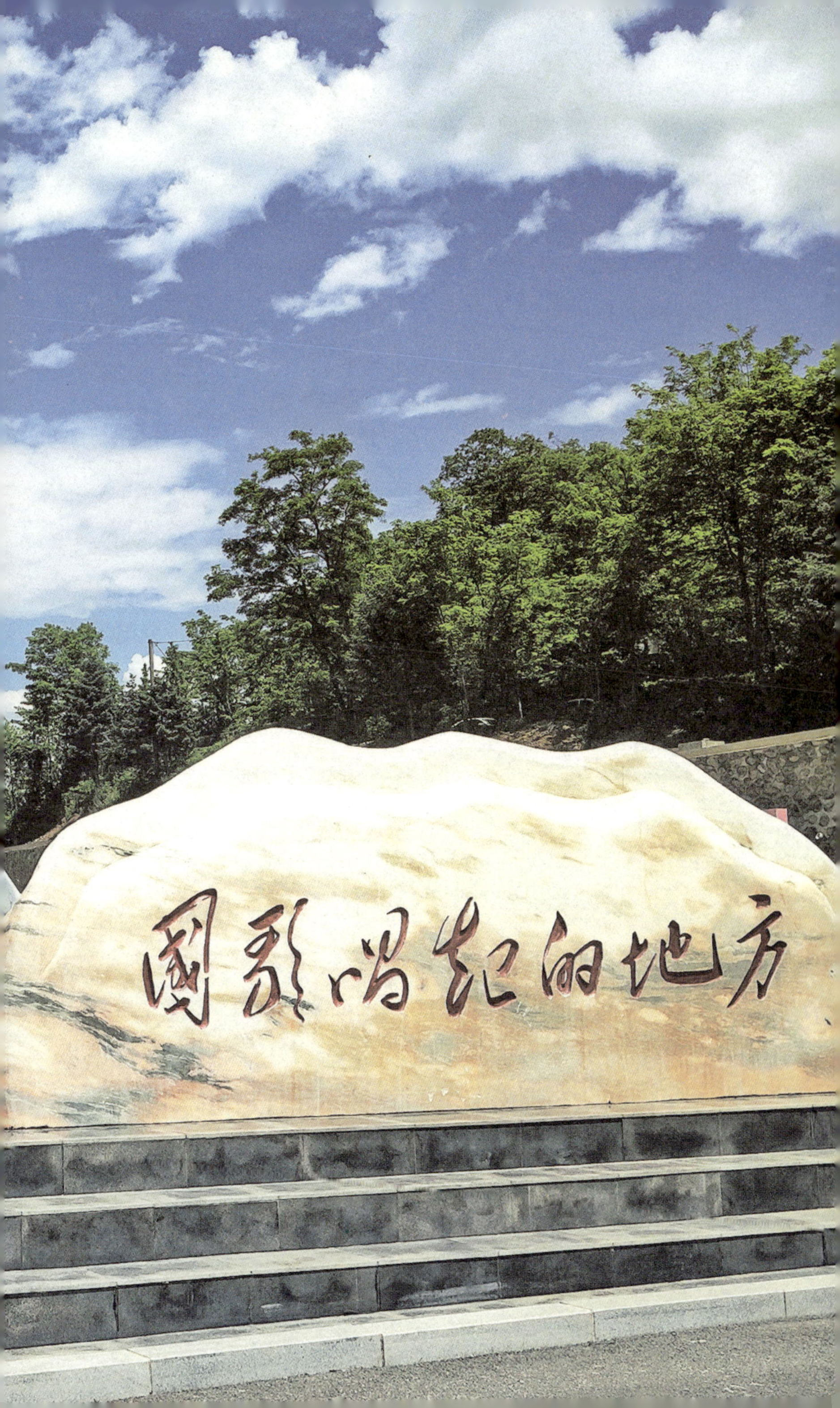
國歌唱起的地方

文告，也成为《义勇军进行曲》歌词的原创素材。

国歌声里，我想起了高鹏振，东北第一支义勇军的首领，又名高青山，是一条"为朋友两肋插刀，敢舍黄骠马"的好汉。高鹏振在新民当警察巡长时，与杀富济贫的绿林好汉有来往，但他没参与杀抢，没出卖"情报"捞好处，只是谈论些江湖之道。可上司不听解释，硬把高鹏振革职降为一般警察使用。他一怒之下，只身闯入绿林，决心向这个不讲理的世道讨个说法。高鹏振拉起500人的队伍，杀富济贫，抑强扶弱，自此名声大振。九一八事变当夜，高鹏振正因和官兵作战腿部受伤，化名在沈阳一家医院养伤。枪炮声骤起，他马上猜出是日本人攻占沈阳城。警察出身的高鹏振对事变前的种种传言和迹象心里有数，知道自己待在沈阳凶多吉少，也知道危急时刻该做什么。他顾不得伤口疼痛，连夜赶回辽西，召集旧部。国难当头，贪生怕死的，走开；不愿抗日的，走开；只想吃喝玩乐的，走开。大浪淘沙，200人的抗日队伍即刻组成。

高鹏振的义举，得到百姓和各路绿林首领的支持，半个月时间，队伍扩大到5000余人，统称"东北国民救国军"，高鹏振被推选为总司令。他带领队伍多次阻击日伪军，1931年12月初的黑山阻击战，就击毙日寇120余人。1932年1月，高鹏振的队伍被重新编入东北义勇军第四路军之后，又先后在五台子村杀死日寇70多人，并多次粉碎日伪军的追击堵截。日寇恼羞成怒，烧毁高鹏振家的房屋，抓来他父亲严刑拷打，要他规劝儿子投降，最后老人被活活折磨死。侵略者的残暴，并没有让高鹏振屈服，反倒更坚定了他的抗日决心。1932年5月到9月间，高鹏振率部又在新民、彰武、康平、黑山等地歼灭日寇100余人。义勇军接二连三的胜利，使得敌人大惊失色，立即调集重兵，想拔掉高鹏振这颗刺入他们心脏的钉子。1932年10月，日军集聚数千兵马，在装甲车和飞机的掩护下，包围了义勇军经常活动的医巫闾山。因寡不敌众，义勇军损失惨重，弹尽粮绝的100余人竟被日寇当活靶子逐一枪杀。高鹏振拼死拼活，带领骑兵队杀开一条血路，死里逃生。高鹏振没有死在日寇的枪口下，化名养伤时却惨遭叛徒杀害。据说，黑山城那天傍晚的霞彩迟迟不落，血红得吓人。一代义勇军抗日英豪，就这样命殒辽西。

我还想起了黄显声。九一八事变当晚，进攻沈阳城的日军遭到了黄显声所属公安警察部队的抵抗，他不忍心好端端的沈阳城就这样轻易被侵略者长驱直入。在黄显声的命令下，三经街警察署、商埠三分局、南市场等处的警察大队及公安分队，纷纷拿起武器防御。这是沈阳当时唯一一支没有执行不抵抗命令的队伍。终因敌强我弱，黄显声才下令携带武器退出沈阳，向锦州集结待命。之后，黄显声多方联络，发展地方武装，当年11月末，辽南、辽西的义勇军队伍就达到了二十几路。锦州失守后，黄显声又前往北票组建东北民众自卫军总指挥部和东北民众救国会，亲任总指挥，带领3万多义勇军，在辽西、热河一带给敌人以沉重打击，被关东军视为"日军之劲敌"。黄显声因此被民众誉为"血肉长城第一人"。1936年8月，黄显声被中共中央北方局吸收为中共特别党员，为中国革命的胜利发挥了特殊作用。

还有唐聚五。1932年4月21日，辽宁民众自卫军誓师大会暨各路军司令就职典礼，在当时的桓仁师范学校操场上举行，与之前成立的辽宁民众救国会一起向社会发布，唐聚五任救国会军事委员会委员长兼自卫军总司令。他当场割破右手中指，写下"杀敌讨逆，救国爱民"8个血字，并在之后的与敌斗争中身先士卒，一马当先。还有马占山、邓铁梅、王德林、李杜、丁超、朱庆澜、李春生、王凤阁、冯占海、解麟阁、李向山……国歌声里，东北抗日义勇军将士名录墙上的14个花环分外高洁素雅，半环形墙体上的2233名义勇军将士的名字荡人心怀。还有更多的牺牲者，名字刻在了东北广袤的大地上，和墙上的名字一起，与山河同在，与日月同辉。

纪念馆一楼的大钟铸于光绪三年，即桓仁建县的1877年；大钟的另一面，刻着"怀仁县城"字样。大钟来自桓仁八里甸子灵云观，当年因为战乱，灵云观道士离开，杨靖宇安排战士化装成道士，隐藏在灵云观中，联络、传递各种抗日消息。每当发现敌情，便敲钟七下，或警示军民撤退，或警示将士战斗。从东北抗日义勇军纪念馆慢慢走出，忽然觉得这纪念馆又何尝不是一座大钟呢？不仅镌刻着义勇军诞生发展的悲壮历史，还能让来此参观的人们记住那些打击、消灭来犯之敌的喋血岁月。国家强大，万众一心，才能筑起坚不可摧的伟大长城。警钟长鸣，每响一声，都是国歌的回声。

林海雪原　英雄注册

——东北抗联史实陈列馆

山脚下，蓝天白云映衬、青松翠柏簇拥的东北抗联史实陈列馆，壮阔齐整，黑白两色的建筑基调，象征着白山黑水的广袤大地。馆名背景的古铜色，是中国军民铜墙铁壁的最好说明，也是无数抗联英烈的抗日精神写照。

东北抗联史实陈列馆展览区分序厅、主展厅、英烈厅三个部分，并有多功能影视厅和综合服务区。序厅的正面、侧面墙壁上是抗联将士的群体浮雕，他们手挽手、肩并肩，目光炯炯，浮雕塑造的是同仇敌忾的英雄群体。整个序厅庄严、肃穆，令人肃然起敬。阶梯是辽东地区特有石材——青石板，古朴、厚重、坚实、刚硬，当年杨靖宇率领的抗联第一军第一师就是无数次踏过这种青石板的山路，在辽东的深山密林，与日寇迂回作战。青石，"名垂青史"。

镶嵌着"林海雪原　抗联英雄"的魏碑体字的白色理石碑座，占据大厅中心，素洁、高雅，是对抗联英雄赤胆忠心为国为民的由衷赞美，这8个字是东北抗联史实陈列馆的鲜明主题，也是每一位参观者的内心独白。

台阶数量，与抗日联军壮烈历程有关。第一层阶梯11级，与东北抗联11个军的建制数对应。1936年2月20日，《东北抗日联军统一军队建制宣言》发出，此后，在中国共产党领导下的东北各地抗日部队统一改称"东北抗日联军"，陆续建成11个军，兵力4万余

人民抗日战争暨世界反法西斯战争胜利70周年！

东北抗联史实陈列馆

人。第二层阶梯14级，与十四年抗战时间对应。第三、四层阶梯是对第二层阶梯的延伸说明，先8级再6级，共14级，与抗战历史上先有"八年"之说后有东北"十四年抗战"的定论相呼应。

东北抗联史实陈列馆展厅的设计独具匠心、寓意深刻。据设计布展的美术、编辑人员说，展厅分三个部分：第一部分以九一八事变为核心，铺垫历史背景，在色彩、灯光和装饰上，烘托沉重、悲怆的情感基调，全面呈现战争的残酷性，陈述日本侵略者的野蛮罪行。第二部分是中国人民抗争史，以浮雕、壁画为基本表现形式，搭配白杨树等山林意象，还原抗联战士野外宿营、战斗的场面。第三部分以战略反攻、日本无条件投降、中华民族复仇雪恨、迎来光明为内容，色调明快舒朗，引导观众走出战争氛围，升华为缅怀先烈、祈愿和平的情感。

陈列馆把东北抗日联军十四年的艰苦斗争的史实背景、重要人物、历次战役、活动区域及相关斗争方略，通过大量史料、照片、图表、文物、实物，以及浮雕、油画、场景复原等艺术手段进行展示，全面、真实、准确、系统、生动地再现了抗日联军惊天地、泣鬼神的英雄壮举，热情讴歌了抗联将士宁死不屈、百折不挠的民族气节。12个展室的"日本侵华　东北沦陷""抗日救亡　民族先锋""创建武装　游击斗争""组建联军　同心御敌""中流砥柱　统一战线""艰苦卓绝　浴血奋战""入苏整训　反攻东北""抗战胜利　功载史册"等主题，内容翔实具体，书写了一部东北抗日联军生命历程的宏伟史书。

杨靖宇用过的马刀，赵一曼用过的粗瓷碗，宋铁岩的日记，周保中用作和中共满洲省委秘书长冯仲云接头的半枚硬币，邓铁梅用过的药壶、算盘及警卫员用过的刺刀、匕首，抗联战士头上的帽子、身上的棉衣、脚上的乌拉鞋，使用的唢呐、六弦琴、笛子、口琴、

抗联英烈　名垂青史

东北抗联史实陈列馆展览区序厅正面

东北抗联密营场景复原

弦弓、快板、墨盒、钢笔等乐器和文化用品虽然已经锈迹斑斑、陈旧斑驳，可它们穿过80多年的峥嵘岁月，保留着抗联将士们的热血温度，在展台上光彩依旧。

我的目光又停留在展墙上用一列印刷字体排好的歌曲——东北抗联和全国民众表达的心声。除流传甚广的《做鞋送抗联》和《抗日救国儿童团歌》，还有杨靖宇作词的《东北抗日联军第一路军军歌》："……夺回丢失的我国土，结束牛马亡国奴的生活……"李兆麟作词的《露营之歌》："……火烤胸前暖，风吹背后寒。壮士们，精诚奋斗，横扫嫩江原……"周保中作词的《红旗歌》："红色大旗高举起，飘扬山水间。中国民族反日战争，敌人心胆寒……"赵尚志作词的《战斗歌》："……牙根咬恨，拿起枪瞄准开射，我们一定要把敌人消灭……"将军们身先士卒、冲锋在前，不仅用枪用刀与敌人血战，还用笔创作战歌，提振打败日本侵略者的信心和勇气。这是抗联英雄历程具有史诗意义的光辉一笔，令参观者很容易想起岳飞的《满江红·写怀》："……待从头，收拾旧山河，朝天阙。"

本溪、桓仁、新宾三县交界的山林，是抗联第一军在辽东活动最频繁的地区。开明人士蒋国恩的家，成为杨靖宇部队借住之地，二人以兄弟相称，蒋国恩特意腾出一间房，当作杨靖宇的"司令部"。一次为杨靖宇部队运送粮食，蒋国恩不幸被日伪军发现，尽管遭受严刑拷打，却始终不吐露抗联行踪。1938年初，在转战吉林前夕，杨靖宇将自己的马刀送给了蒋国恩。如今，这马刀已是陈列馆内的重要文物。马刀长1米多、宽10厘米，整个刀身布满锈迹。而80多年前的烽火岁月中杨靖宇的骁勇身影，却在我的脑海中不断闪回，自然与我阅读抗日英雄故事的少年读书时代衔接。

日本关东军将杨靖宇率领的抗联第一路军视为心腹大患，调用东北三分之一兵力、百余架飞机，对其实施空前的大搜捕。1938年

6月，抗联第一军第一师师长程斌在本溪县叛变投敌，他了解杨靖宇，熟知他的战略战术。程斌带领敌人进行跟踪，紧追不舍，打散了杨靖宇部队。1940年2月，敌人在濛江县发现杨靖宇行踪，派600多人的挺进队继续追击。杨靖宇只身一人，在零下40多摄氏度的林海雪原严寒中，与日寇迂回作战五昼夜，弹尽粮绝，于1940年2月23日牺牲，年仅35岁。杀害杨靖宇的日军疑惑，到底是怎样的一个人，能在如此严酷的环境里以一抵百，连续作战五昼夜？残暴的敌人把杨靖宇腹部剖开，发现其胃里竟然没有一粒粮食，全是枯草、树皮和棉絮。在场的中国医生背过脸，不忍心再看。侵略者也在恐惧之后感到敬畏，在杨靖宇殉国之地竖立起一块墓碑。

马刀静静地陈列在那儿，像聆听，又像诉说，遗憾自己没能再跟随杨靖宇将军。若在他身边，或许还能多杀死几个敌人，帮助他虎口脱险、死里逃生……东北抗联史实陈列馆里的文物，都活着，杨靖宇的马刀仅是一例。

东北抗联史实陈列馆毗邻"抗联中学"——一所中学的名字，其延伸意义可想而知。伟大的东北抗联精神，是包括杨靖宇在内的无数革命先烈用鲜血和生命孕育形成的，东北抗联史实陈列馆正是这种精神的集聚之地。任何物质，都能体现出一种精神气质。烈士们的遗物，带着心跳，带着热血，带着生死为国的价值追求。弘扬伟大的东北抗联精神，应该从青年一代着手，从娃娃抓起，这对于增强民族自信心、教育和鼓舞全国各族人民在实现中华民族伟大复兴的道路上奋勇前进具有现实意义。

忠贞不渝　一心向党

——赵尚志纪念馆

"黑水白山，被凶残日寇强占。我中华无辜百姓，备受摧残。血染山河尸遍野，贫困流离怨载天。想故国庄园无复见，泪潸然。争自由，誓抗战。效马援，裹尸还。看拼斗疆场，军威赫显。冰天雪地矢壮志，霜夜凄雨勇倍添。待光复东北凯旋日，慰轩辕。"抗日英雄赵尚志所写的这首《调寄满江红》词，气吞山河，威震八方，字里行间表露的保家卫国的豪情壮志，是他抗战时期指挥抗日联军，转战林海雪原、驰骋松江两岸，打击侵略者的生动写照。

位于朝阳市的赵尚志纪念馆，展示了"序厅""忠义之家　刚烈少年""寻求真理　投身革命""武装抗日　威震北满""白山黑水　铁血三军""治军治校　文韬武略""面对挫折　忠贞不渝""将军蒙难　血染梧桐""中华英魂　浩气长存""尾厅"10个章节的文字、图片、实物、多媒体等内容，一位赤胆忠心、威武不屈的共产党人——赵尚志的高大形象，树立起来。

赵尚志，1908年10月26日出生于辽宁省朝阳县王伦沟乡喇嘛沟村，即现在的尚志乡尚志村。他的家乡有座云蒙山，山中两处景观十分奇特：一是天然石像，与赵尚志纪念馆和赵尚志烈士陵园里他的塑像十分相似；二是山中央一处由碎石形成的天然地形图，怎么看都像中国地图。它们的照片让参观者暗暗称奇，赵尚志的一生，注定要和国家、民族命运联系在一起。自然界总有与人世间对应的

赵尚志纪念馆正门

赵 尚 志

1908 — 1942

事物。

1918年，赵尚志全家逃难到哈尔滨，靠父亲一人的收入维持全家11人的生活。11岁的赵尚志为减轻家里负担，到社会求职谋生，5年时间受尽了店主、资本家的剥削压迫，他认识到了社会的黑暗，并由此形成一种倔强性格和反抗精神。1925年，17岁的赵尚志加入了中国共产党，同年冬天赴广州考入黄埔军校第五期。1926年3月，蒋介石制造了反共的"中山舰事件"，开始逮捕共产党员，要求黄埔军校学生表明党籍，不准跨党。赵尚志坚决跟共产党走，毅然离开黄埔军校，返回哈尔滨从事党的地下活动，同年秋天被中共北满地委派到长春开展工作。1927年3月2日，赵尚志被奉系军阀、时任吉林省督军的张作相的手下逮捕，开始了两年半的监狱生活。在狱中，面对残暴的敌人，赵尚志威武不屈，果敢机智，多次使敌人的阴谋落空。1929年5月22日，赵尚志获释，在江浙一带秘密考察后赶回沈阳，在共青团满洲省委工作。

1930年4月12日，满洲省委派赵尚志同杜兰亭、陈尚哲参加辽宁国民外交协会召开的讲演会，因赵尚志向与会者发表了反帝、反封建的演说，三人当场被东北宪兵司令部的便衣特务逮捕。杜兰亭、陈尚哲经不起敌人威逼引诱，无耻叛变。赵尚志却保持了一个共产党员应有的气节，纵使腿肚子被敌人的老虎凳压开花，鲜血淋漓，痛得昏死过去，苏醒后仍不屈服，大骂敌人凶残。1931年冬天，在党组织和社会各界知名人士营救下，赵尚志再次获释出狱。1932年，赵尚志担任中共满洲省委军委书记，同周保中、杨靖宇等一道，参与了领导整个东北地区抗日救亡的武装斗争。

1932年4月，中共党员、清华大学学生张甲洲在同满洲省委取得联系后，回到家乡巴彦县，组织了一支120余人的抗日游击队，满洲省委派赵尚志到这支队伍中开展工作。赵尚志发现这支部队人员成分复杂、纪律松懈，是战斗力不强的主要原因。在赵尚志的建议下，组成了20人的"中心队"，起到了严明军纪的模范作用。有了凝聚力，队伍一下子发展壮大为600多人。游击队同当地义勇军一起，为打击侵略者嚣张气焰，攻下了巴彦县城。游击队住进城里劣绅商贾家中，一部分经不起拉拢腐蚀的，投降了敌人。赵尚志当机立断，拉起200余人撤出县城。为了扭转局面、鼓舞士气，他率部攻打康金井站，战斗取得胜利，游击队声势大振，马上扩展为700多人。

当时以王明为首的临时中央在上海召开北方会议，将"左"倾路线扩大化，中共满洲省委受到影响。赵尚志所在的巴彦游击队被改编为中国工农红军第三十六军江北独立师，赵尚志任政治部主任。队伍转战在呼兰、绥化、兰西、安达、明水一带，虽屡屡给敌人以打击，但自己损失愈来愈重。赵尚志在指挥攻打东兴县城的战斗中眼睛受重伤，硬被战士们从火线上抬下来。在北方会议干扰下，部队领导层意见难统一，战士们无心抗战，最终在铁岭县的一次战斗中惨败。由于内部矛盾加剧，外面敌人围攻，1933年2月，部队彻底溃散，赵尚志带着几名骨干回到哈尔滨。

赵尚志对巴彦游击队的失败深感痛心，及时向满洲省委作了汇报。由于历史局限，满洲省委认为，巴彦游击队的结局是赵尚志不执行北方会议精神造成的，不容他分辩便作出开除赵尚志党籍的决定。共产党员的崇高思想境界往往是在危难关头显现出来的。赵尚志没有消沉，只身来到哈尔滨东部的宾县，在孙朝阳的义勇军里隐名当了一名马夫。一次战斗中，孙朝阳的部队被日伪军三面包围，处境危险，赵尚志向孙朝阳建议，袭击敌人防备空虚的县城能解围。当晚，赵尚志率一支精锐部队，进攻敌人县城，引得大部敌人前来增援，义勇军才转危为安。赵尚志表现有功，被任命为参谋长。

赵尚志纪念馆序厅主雕塑

1933年10月，赵尚志担任队长的珠河东北反日游击队成立，他带领全队战士鸣枪宣誓："我珠河东北反日游击队全体战士，为收复东北失地，夺取祖国自由，哪怕枪林弹雨，万死不辞，赴汤蹈火，千辛不避，誓必武装东北三千万同胞，驱逐日寇海陆空军滚出满洲！"

1935年1月12日，珠河中心县委认为满洲省委开除赵尚志党籍是错误的，因为他们看到了赵尚志在民族解放斗争中不畏困苦、勇敢坚定，为创造和发展珠河游击队所作出的巨大努力，决定正式恢复赵尚志党籍。

1936年8月1日，东北抗日联军第三军成立，赵尚志任军长。他们在极为艰苦的环境和条件下，接连取得胜利，鼓舞了人民群众，沉重打击了日伪势力。赵尚志的名字在广袤的白山黑水之间流传，敌人感到震惊，"小小的满洲国，大大的赵尚志"，悬赏数万元缉拿，并采取从内部分化瓦解的计策。一次赵尚志所率司令部与大部队失去联系，数九隆冬给养奇缺，百般无奈只好越过苏联边境以求保存实力。在奸细挑拨下，北满省委内部发动对赵尚志的斗争，决定撤销他军长职务，永久开除党籍。

这等于在政治上宣判了赵尚志的死刑，他绝对没有想到，敌人没有做到的，在我们内部实现了。赵尚志忍受着巨大精神折磨和心理压力，在1940年3月21日给北满省委寄去了申辩信，请求组织对他考察。他说，我参加党，为革命斗争已有15年，党的工作，就是我一生的任务。我郑重地恳求恢复我的党籍，我一天也离不开党，希望党组织一天也不要放弃对我的领导。今天的青年人也许会说，赵尚志到底是为了什么呢？为信仰。虽然组织一时委屈了自己，但自己不责怪，忍辱负重，以大局为重，相信有水落石出的一天。

没有职务，没有党籍，并没有影响赵尚志的抗日决心和勇气。1941年秋，在赵尚志的再三请求下，组织上派他率领五人小分队返回东北侦察敌情。同年冬天，敌人获悉赵尚志又返回东北，出动大批军警搜山追捕，结果一无所得。驻鹤岗的日军精心设计了诱捕赵尚志的计划，派特务刘德山打入小分队，于1942年2月12日诱骗赵尚志攻打梧桐河伪警察分驻所。半路上刘德山突然朝赵尚志开枪，赵尚志腹部受重伤，忍痛回头击毙了刘德山。大批敌人循枪声赶来，赵尚志把文件包交给身边唯一没有负伤的战士，命他立即转移，自己掩护。赵尚志终因流血太多，在昏迷中被俘。敌人企图从他口中得到抗联及我党重要情报，连续审讯。赵尚志宁死不屈，在被俘至牺牲的8个小时里，除了痛骂敌人，没有泄露我党我军任何秘密。

曾被抚顺战犯管理所关押的日本战犯东城政雄，在《我参加了谋杀赵尚志将军》一文中说："我不仅仅是对将军一个人，而是对当时东三省的三千万中国人民犯下了罪行，这使他们因为失去了抗日斗争的领导人而沉浸于巨大的悲痛和愤怒之中。由于我的罪行，使东北人民抗日运动和民族独立解放运动大大地推迟了。"

赵尚志生前说过，不赶走日本侵略者，决不成家。因此英雄终身未娶，毕生精力与性命全部献给了人民的解放事业，直至流尽最后一滴血。人民不会忘记他，党不会忘记他。党的十一届三中全会以后，中共黑龙江省委对赵尚志同志1940年遭受党内处分一事进行认真复查，决定恢复赵尚志党籍，推倒强加给赵尚志的一切不实之词。2004年5月，在长春般若寺找到了赵尚志头颅骨。2008年10月25日，英雄回乡，魂归故里，赵尚志头颅骨安葬在辽宁省朝阳市朝阳县尚志乡尚志村的赵尚志烈士陵园。

如今，赵尚志烈士陵园和赵尚志纪念馆，如同两部浩瀚、壮烈的历史长卷，书写出英雄一生的光辉业绩，忠实记录着无数参观者前来瞻仰、缅怀、纪念的激动心情。

文韬武略故乡魂

——李兆麟将军故居

　　李兆麟是东北抗日联军创建人之一，也是"100位为新中国成立作出突出贡献的英雄模范"之一。他是辽宁籍英雄人物，到他的故乡走走，能够更好地了解英雄成长的履历，用以激励我们发奋前行。李兆麟将军故居在辽阳灯塔市铧子镇后屯村，从沈阳驱车一个多小时路程，虽不远，可从高速的灯塔路口下道之后，乡间公路不好走，有导航引路，七拐八拐，才走到铧子镇后屯村，被几个丘陵样的山包下的一片片玉米地包围着。车子停在后屯村党群服务中心平房前，再细看，村委会和党支部的牌匾也挂在房门两侧。我打听李兆麟将军故居和李兆麟纪念馆在村子里的具体位置，出来一位中年人，支部书记或村主任模样，用手指了指右前方，再走几十米就到了。他为自己村里出现一位李兆麟将军这样的英雄感到自豪，而且很郑重地告诉我，屋里正开会，研究怎样把李兆麟将军故居和李兆麟纪念馆再充实一下。

　　李兆麟将军故居庭院不大，典型的北方农家四合院建筑，门楼上方铺有苇草，而四周苇草压顶的土围墙，现在变成了青砖砌墙。正房为3间草房，东、西厢也是各3间草房。正房和厢房中，摆设了一些与日常生活生产息息相关的物件，桌椅板凳、炕橱、石碾、摇篮、纺车等。1910年11月2日，李兆麟在这里出生。正房东侧有一口水井，北侧有两个不太大的黄泥土谷仓，当年李兆麟将军曾在仓

李兆麟将军故居正门

李兆麟将军故居庭院

李兆麟将军故居西厢房

内多次印刷抗日宣传材料。1931年11月初，21岁的李兆麟离开家乡，只身奔赴北平，进行抗日救国活动。

在李兆麟将军故居，年近90岁的李振荣老人仍然在院里坚守岗位。这位李兆麟将军的堂侄，从1996年故居开放27年来，一直守护在这里，打扫庭院、维护房屋、义务讲解、布置展室等，几乎都由他一手操持。近年来，来了年轻人，他身上的担子减轻了些。亲情和乡情，加上对李兆麟将军的敬仰之情，使得李振荣老人比旁人更多了份理解和用心，他的讲解也就多了几分生动与朴素。

故居院里有3座石碑很显眼，一是故居简介，一是李兆麟生平年表，一是李兆麟抗联时期创作的《露营之歌》歌词。

"兆麟将军从小就喜欢读书、写诗，也爱好金石镌刻。"在东厢房参观，李振荣老人说，"这是他儿时的书房，现在陈列的这张书桌，是他自己设计和使用过的原物，比较珍贵。""书桌平时是一张方桌，在练习书法时可以变成一张长方形的条案。书桌四周还有小抽屉，可以放笔墨等。桌下有便于脚踏的四个斜面，每个斜面之间都有一条小横木作为分割，是为了避免朋友围坐在一起时脚与脚之间的相互碰撞。"

简单几句介绍之后，李振荣老人告诉我："兆麟将军生平事迹，在他的纪念馆里有详细介绍，现在的纪念馆很有规模了，实物、图片都不少，往前走几步就是，有专门解说员，比我讲得好。"他用手指了指，把我的目光引向了李兆麟纪念馆。

"李兆麟纪念馆"牌匾由著名书法家、辽宁省书法家协会原主席聂成文先生书写，在纪念馆大门上方格外耀眼。步入正厅，李兆麟将军塑像在"国破山河在"的背景下，威风凛凛，英气夺人；左右辅以"运思出奇　横扫千军"8个大字，红色衬底恰如李兆麟将军的满腔热血。在"民族英雄李兆麟"的主题下，是将军简介：1929年参加

李兆麟生平年表石碑

革命，1931年7月加入中国共产党。九一八事变后，在中国共产党领导下，李兆麟驰骋在白山黑水之间，率领抗日英豪历经千险，排除万难，与侵略者浴血奋战，配合我军主力和苏联红军消灭了日本关东军，解放了全东北，终于"夺回我河山"。他把自己的一生无私地奉献给中华民族的解放事业，他的英雄业绩与英名，将永远铭记在中国人民心中。

纪念馆把英雄的业绩分为五个单元。第一单元是"国家蒙辱　人民蒙难"，这是李兆麟投身革命的政治背景和社会原因，表明他为国家为民众排忧解难的宏伟抱负。第二单元是"年少志高　投身革命"，李兆麟6岁开始读书，有10年的读书生涯，眼界洞开，胸怀博大，从小立下志愿，要改变国家落后面貌。他20岁离开家乡，奔赴北平，在西郊参加革命活动，不久便加入中国共产主义青年团，心中有了明确的奋斗目标。第三单元是"重返故乡　义勇抗战"，抗战爆发，李兆麟先后加入东北民众抗日救国会和反帝大同盟。1931年12月，他接受组织安排重返故乡组建抗日义勇军，从此开始了十四年抗战的艰难历程。歼灭汉奸土匪"洪盛队"，活捉日本关东军矿长久留岛，消灭汉奸地主武装"南大会"，攻打奉天敌寇飞机库并烧毁侵略者飞机7架……第四单元是"热血冰城　北满战场"，1933年8月，李兆麟接受上级党组织安排，北上哈尔滨，负责兵运和市郊的义勇军工作，并任军委负责人。他先后创建了珠河游击队、东北反日游击队哈东支队，在东北抗日联军生死存亡的危急时刻，李兆麟率军西征，保存了抗联的有生力量，为夺取抗战全面胜利作出重大贡献。第五单元是"英魂不泯　浩气长存"，1945年9月，李兆麟遵照中共东北委员会的指示，再次踏上东北大地，为争取和平民主、巩固和建设东北根据地，在哈尔滨夜以继日地工作了192天，直至1946年3月9日下午，李兆麟被国民党特务勾结的汉奸土匪暗杀，英勇悲壮地结束了36岁的壮丽人生。

　　我在纪念馆的一块红色展板前停留，上面是李兆麟作词的《露营之歌》。1938年1月20日，李兆麟率领抗联第六军军部及直属部队，从依兰东部西湖景地区策马奔往"公义永"，途中截获两辆日军运送大米白面的汽车。回到集结了1000多抗联战士的营地，战友们诉说各自战斗经历，喜笑颜开。李兆麟说："这两车大米白面是日本鬼子给咱送来的。"赵尚志说："这回咱们也能过一个丰富像样的春节了。"李兆麟把团政治部主任和各连教导员集合在一起，教唱他刚刚写完的《露营之歌》："铁岭绝岩，林木丛生，狂风暴雨，荒原水畔战马鸣，围火齐团结，普照满天红。同志们，锐志哪怕松江晚浪生。起来哟，果敢冲锋，逐日寇，复东北，天破晓，光华万丈涌……"营地响起激越的歌声。李兆麟鼓励大家："我们每走一步，就离延安党中央近一步！"《露营之歌》共有四段，最后一段是："朔风怒吼，大雪飞扬，征马踟蹰，冷风侵人夜难眠。火烤胸前暖，风吹背后寒。壮士们，精诚奋发横扫嫩江原。伟志兮！何能消减。全民族，各阶级，团结起，夺回我河山。"

　　李兆麟有文化，爱读书，行军途中若没有极端情况，他总是随身携带一个书箱，像枪不离手一样。我在李兆麟的画作面前停留，我在李兆麟读过的书籍面前停留，我在李兆麟遗留下来的信函报告面前停留……1939年，李兆麟给中共北满临时省委写报告："我正是无钱、无粮、无干部，过了四个月残酷的斗争生活，今天正是身边一个铜圆都花净的日子，革命热情燃烧着我的精神，非常高兴地向着抗日的光明处狂奔呢！"就任东北抗日联军第三路军总指挥，李兆麟在誓词中写道："复思战争之紧迫关头，历史命运之转换时期，寿篯（即李兆麟）愿以高度之革命热诚，忠贞不移之魄力，效命祖国，矢竭愚忱，并于北满抗日救国总会直接领导之下，广大爱国同

李兆麟将军塑像

胞积极热望之余，必须团结一致，勇敢杀敌。"李兆麟的文韬武略，正是他内心坚定信仰，誓死保家卫国的可靠保证。

　　李兆麟纪念馆对面的向阳山坡，一尊戎装的将军全身塑像巍然屹立、金光闪闪，花草树木在将军身边悄然肃立，以鲜艳、以新绿陪伴英雄。李兆麟将军面向前方的姿态，正是他内心生命理想的无限延伸。辽宁灯塔市铧子镇后屯村，的确感到无上荣光。李兆麟当年从村子走出的路，以及他所有走过的路，一定是弯曲竭蹶的。而正是有了兆麟将军走过的弯曲竭蹶，我们今天的路才笔直平坦了许多。

遗嘱的光辉

——关向应纪念馆

　　1985年秋，当林枫的爱人郭明秋来到辽宁省金县（今大连市金州区）大关家屯，看到关向应故居的3间茅草房时，顿时痛哭失声。面对简陋破旧的房舍和寥寥无几的生平陈列，她内心遭受着巨大痛苦。关向应是党和人民的优秀儿子，也是自己和林枫的老上级，郭明秋觉得无论从理智还是感情上都过意不去。她对周围的同志说："我们对不起向应啊！"这种内疚，正是今天过上了幸福生活的人们对先烈的缅怀。在郭明秋的倡议和奔走下，在辽宁省委和大连市委等各级领导支持下，1986年7月21日，在关向应逝世40周年之际，关向应故居终于焕然一新，成为向广大青少年一代进行爱国主义教育的重要场所。之后又经过几次修缮，扩大展出面积，重新定名为关向应纪念馆。

　　关向应纪念馆院落开阔宏伟，绿草如茵，松柏成行，主要由关向应纪念馆、关向应故居、延安窑洞、红三军指挥所、关向应雕像、满族风情院等几个部分组成。与以图片、实物、文字为主的布展方式相比，增添了多媒体"浸入式"综合呈现。在纪念馆第四展厅，根据关向应与贺龙、任弼时等带领红二、六军团参加长征的革命经历，精心制作了"抢渡金沙""翻越雪山""穿越草地"等大型场景，真实再现了红军艰苦卓绝的战斗场面，将关向应在极端困苦境遇中坚毅、从容、达观的革命领导人形象，立体、生动地展现

关向应故居门前

关向应故居——石砌的茅草房

出来。

　　纪念馆主展馆整体分为"民族忧患　历练成长""初出茅庐　方显才华""艰难转战　湘鄂川黔""艰苦卓绝　长征会师""抗日到底　开赴前线""鞠躬尽瘁　精神永存"六大部分22个单元，有表现历史场面细节的油画、国画、雕塑，加上400余张图片，以及关向应参加革命不同时期读的报刊、所用物品等，再现关向应同志光明磊落、忠心耿耿、为党和人民鞠躬尽瘁的短暂而光辉的一生。我在"鞠躬尽瘁　精神永存"展区久久留步，接受灵魂洗礼和精神陶冶。

　　面对死亡，任何人都会流露出对生的留恋。关向应说："留恋，自然会留恋的。母亲留恋她的儿子，农民留恋他的土地，革命者留恋革命事业。正因为这样，所以如果稀里糊涂地死了，没有办完的事业来不及交代，那是非常痛心的。"

　　在长达5年的生命最后岁月，关向应大多在延安的病榻上度过，疾病残酷折磨着他。与疾病作斗争，他表现出惊人的毅力，显示了一个共产党人的镇定和信念。1945年7月，关向应肺病引发肠胃症状，日夜难眠。8月，日本帝国主义投降之后，关向应兴奋异常，对前来探望他的即将奔赴前线的同志们说："我的病不久就会好的，我还准备打回东北老家去，我们将来在白山黑水间再会。"其实，关向应的病情已进入晚期，由于混合感染，胸膜化脓，一直高烧。当时延安药品缺乏及医疗条件限制，1946年5月底，关向应嗓子痛得连一口水都咽不下去，无法讲话。尤其胸膜开刀后，疼得要命，厉害时，止痛、麻醉都无济于事。关向应咬紧牙关，不呻吟，不畏惧，没有流露任何悲观情绪。他说："我如果不是共产党员的话，早就会用自杀来结束这种痛苦。但是我还要做最后的挣扎，熬过了这个苦痛，我还要为党工作10年到20年。"

关向应纪念馆内的东方红组雕《红军颂》（局部）

1946年1月，关向应病情再度加重，连续四天呕吐，不能进食。他清楚自己生命处在危急时刻，对医生说："告诉我，还能支持多久？我并不怕，主要是你们要给我一个时间，叫我把事情交代清楚。"第二天，刘少奇和彭德怀受中央委托前来看望，他向组织讲了很多话。医生担心病情再恶化，进行劝阻，但他坚持多说几句，把要说的话说完。从病房出来，彭德怀对医生说："他还想多说几句，可精力不济了。你们做医生的怕他太吃力，可是他呢，总愿意在临终之前，尽量多贡献一些意见，能够使革命早点成功，他才安心。"刘少奇说："一个共产党员，始终挂在心上的是党的事业，所以他只要有一口气，总想为党多尽一些力量。"

1946年7月21日22时，病魔夺去了关向应的生命。

7月23日，延安各界隆重举行安葬关向应遗体的仪式。上午6时，朱德总司令、任弼时同志等将关向应同志的灵柩抬上灵车，并随彭德怀、罗瑞卿、杨尚昆等中央领导及各界代表400余人随灵护送，沿途的群众伫立迎灵、路祭。灵车到达墓地时，送葬代表及延安群众5000多人全体肃立向关向应同志遗像三鞠躬。朱德总司令代表党中央于墓前花圈挽联丛中致悼词，他沉痛地说："关向应同志平生为革命做了很多重要工作，在战场上，在监狱中，都表现了英勇坚强的布尔什维克品质。由于长期地与敌人搏斗，以致积劳成疾，今天他死了，全党全军要继承他的遗志，为完成中华民族独立和平民主事业而奋斗到底！"

关向应逝世的消息传到晋绥前线的时候，犹如晴天霹雳，广大军民无比悲痛。7月31日下午，晋绥党政军领导机关的干部2000多人，集结在中共中央晋绥分局所在地山西省兴县北坡村头的场地上，沉痛悼念晋绥边区主要创始人之一的关向应政委。贺龙在关向应遗像前献上花圈，泪流满面，泣不成声。他失去了15年来同生死共患难的最真挚的战友，党和人民失去了一位久经考验的优秀领导者，失去了毕生献身于无产阶级革命事业的忠诚无比的战士。贺龙由于过分悲痛，而未能按照预定安排报告关向应的生平事迹。

············

　　整整15年，你我同生死，共患难。洪湖、湘鄂西、鄂豫川陕边，酷暑炎天，湘鄂边、湘鄂川黔、云贵川、甘陕、雪山草地，西安平原，踏晋绥，出河北，几万里长途征战，入死出生。无论在战场上、工作中，也不管在茅亭草舍，大厦高堂，我记不出何时不在一起，何战有所分离。而今，你我是永别了，翘首苍天，你是音容宛在，而我则寝不成眠。

　　你的革命的一生——出生于纯正的无产阶级，参加团参加党，直到成为团、党最完备的一个领导人，你在牢狱中，战场上，艰苦备尝，顽强对敌，从没有计较过个人。你掌握着毛主席的思想与作风，高度的原则，诚挚的精神，严己宽人。

············

这是当天《晋绥日报》刊出贺龙所作挽词《哭向应》的一部分。

毛泽东主席挽词是："忠心耿耿，为党为国，向应同志不死。"

朱德总司令挽词是："模范的共产党员，终身为革命奋斗，百折不屈，死而后已。以志关向应同志千古。"

任弼时挽词是："你对人民事业的忠诚，你的优良作风与伟大功绩，给全党与全国人民留下了永恒的追念。在你长久的艰苦奋斗中，你损害了健康，以至久病不治，壮年逝世。这是全党的不幸，人民的不幸，也是作为老战友的我个人的不幸！你未竟的事业将由全党同志来继承，你在九泉之下安息吧！"

在党的七大召开前夕，关向应已被推选为大会代表。大会1945年4月23日至6月11日在延安召开，关向应做好准备，本来要参加这次有着重要意义的大会，甚至表示坐担架也要去。遗憾的是，他在会议开幕前夕病情骤然加重，无法到会，关向应唯恐自己发生意外影响大会，4月24日，七大正式开幕第二天，他送交了一封向全党告别的信：

> 我在此临死弥留之际，谨向党的领袖，谨向党的七次代表大会，谨向全党同志紧握告别之手，切望全党同志无论在任何时候，都在毛泽东同志领导下奋斗前进！全党全军该像一个人一样，紧密地团结在毛泽东同志所领导的中央周围，相信我们的党和中国革命是一定要得到最后胜利的。

这是关向应留下的遗嘱，表明了一个共产党员在生命垂危时刻，念念不忘的仍然是党的事业和中国革命的胜利，信中洋溢着的富有远见卓识的思想光辉和革命必胜的信念之火，给与会代表以极大的鼓舞和鞭策。

1946年11月15日，当林枫的三女儿出世的时候，爱人郭明秋问林枫起个什么名字好，林枫说，毛主席给关向应题词是"忠心耿耿，为党为国"，孩子就叫耿耿，纪念关向应同志。1948年4月18

关向应衣冠冢

日，他们唯一的儿子出生，林枫又说，给儿子起名炎炎吧！关向应同志曾经用过"始炎"笔名。记得当时彭真说："你们是要继承这种传统精神哪！"作为向应的战友和部下，林枫夫妇无论如何都忘不掉关向应。

全党、全军、全国各族人民，都不会忘记关向应。

"东方奥斯威辛" 的悲与痛

——沈阳二战盟军战俘营旧址陈列馆

1992年10月，美国一个名为"奉天幸存战俘联谊会"的组织的成员约瑟夫·皮塔克，向美国驻沈阳总领事馆发来一封求助信，说自己二战期间曾在日军设立的"奉天俘虏收容所"有过痛苦的战俘经历，他和他的同伴刻骨铭心，希望有生之年来沈阳，到战俘营旧址看看。领事馆安排领事助理杨竞负责查找这个战俘营。经过一年多时间翻阅资料、实地探访，1993年底，在沈阳市大东区地坛街找到了战俘营旧址。

"沈阳二战盟军战俘营""奉天连合军战争捕虏收容所"，在陈列馆院子3根圆柱竖起的标识牌上，清晰地标写着。不同的是，前者为受害一方称呼，后者为侵略者一方称呼。战俘营主要是3座用于关押战俘的两层高营房，其他建筑物有食堂、厕所、盥洗室、医院、水塔、锅炉房等。1942年11月到1945年8月期间，先后关押过来自美国、英国、加拿大、澳大利亚、荷兰、法国6个国家的盟军战俘。根据1945年1月的名册记载，这里及一、二分所共关押了2018名战俘，其中美军战俘1200人，523人为校官以上，76人为准将以上。香港总督杨慕琦、美国的乔纳森·温莱特中将等知名军事人物曾在此被关押。战俘平均年龄26岁，其中260人死去，死亡率16%。

二战盟军战俘营旧址先后被国民政府和中捷友谊厂使用，有些

沈阳二战
SHENYANG WWII

沈阳二战盟军战俘营旧址陈列馆大门

以3根圆柱为主框架的标识牌

建筑被改建为住宅，"文革"期间，旧址的一些建筑遭到拆除，之后又有新建筑物竖起。为恢复、保护战俘营旧址，2005年沈阳派专业人员赴美，向幸存战俘和研究沈阳二战盟军战俘营的相关组织了解情况。2006年，第一批幸存的美国战俘到访沈阳战俘营旧址，举行纪念活动。之后沈阳市人民政府决定在沈阳二战盟军战俘营旧址兴建陈列馆。经过七八年紧张、艰苦的努力，2013年5月18日，沈阳二战盟军战俘营旧址陈列馆对外开放，展出逾500张历史照片和近百件文物，以及画作、雕塑、电子地图等物品。陈列馆由史实陈列馆、战俘营房、日军办公用房、遗址纪念广场等几部分组成。沈阳二战盟军战俘营旧址被认为是中国大陆乃至亚洲保存得最好的战俘营旧址之一。

"阴森森的日军看守所、苍白的战俘营医院、高耸的锅炉房烟囱、刻满了在战俘营中死去的盟军官兵姓名的'死难者碑墙'……"解说员低沉、悲戚的声音，在光线暗淡的陈列馆展厅里低回，令在场的参观者感伤、压抑、愤怒。

2007年5月，又一批当年的美军战俘来沈阳二战盟军战俘营旧址参观。"饥寒交迫的战俘挨打挨骂是家常便饭，日军还会采用压肠子、敲肋骨和膝盖等手段，蹂躏战俘肉体。"罗伯特·布朗对采访记者说，"食品匮乏，药品奇缺，天气寒冷，战友们一个个倒了下去；在零下三四十摄氏度的低温下，墓地都无法挖掘，尸体就被放在营房旁边的小屋，直到春天才被埋葬。"当年只有18岁的他是第二次回访战俘营旧址，仍然心有余悸。头发花白的罗伊·威沃尔走进二层楼战俘营房，用力拍着一张上铺的木床，颤抖着告诉周围的人："这是我曾经住过的地方。我现在能够活着，真是个幸运儿。战俘们不仅要忍受寒冷和饥饿，还要随时承受来自日本士兵的毒打。"辽宁省博物馆藏有一份《澳军向国民政府提列的东北日本战犯名单》，记

日军监视战俘的瞭望岗楼

载了澳军方面详细陈述的奉天俘虏收容所的日本看守虐待澳军战俘的犯罪事实，令人发指。

战俘营的医务室缺乏药品和医疗器材，只能为伤病战俘包扎伤口，以及治疗感冒等轻微疾病，没有痢疾等传染病的药品，导致不少战俘死亡。红十字国际委员会曾向战俘营寄来了许多药品，但日方没有给战俘使用，而是据为己有。为策动针对美国本土的细菌战，战俘营的俘虏曾被用作人体实验。根据1943年的关东军任命书《关总作命丙第九八号》，约20名七三一部队人员被派遣到奉天战俘营，工作是"支援和指导该战俘营进行防疫业务"。在伯力审判厅，七三一部队军官柄泽十三夫承认曾在1943年对奉天俘虏收容所的美国战俘进行研究，检验他们的血液，从而证明不同人种的血清免疫无异。

战俘们从未停止过抗争，以多种方式干扰和瓦解日军，比如刻意妨碍生产、静坐拒绝劳动，以及悄悄记录日军罪恶行径。格罗海特等同盟国战俘曾被要求生产用于零式战机起落架左右两边的齿轮，因战机用于作战，他们抗拒，只生产右边齿轮而放弃左边齿轮，令产品全数作废。有的战俘用起重机把产品摔坏，还有一群战俘合作纵火烧毁整座工作室，有的战俘破坏工艺规程，令生产出来的皮革过薄，有的战俘关上暖气阀门，令工厂管道被冻坏而被迫停产……也有战俘从工厂偷运纸笔，在营房创作漫画。在马康·弗蒂尔的一幅漫画里，两个瘦骨嶙峋的战俘，一个在摘向日葵的籽，一个在地上挖野菜。他在画上写道："战俘们在寻找一切可以吃的东西。"

这些漫画的复制品，成为沈阳二战盟军战俘营旧址陈列馆展示的非常珍贵的一部分展品，让参观者无不止步流连。简略甚至单一的线条，勾勒出日本侵略者草菅人命、违背人性、违背战俘公约的残暴罪行，勾勒出俘虏营的暗无天日，战俘们过着非人生活的桩桩

沈阳二战盟军战俘营旧址一角，包括史实馆陈列馆展示大楼、水塔、烟囱、日军办公用房等

件件，成为那段历史的第一手鲜活见证。

沈阳二战盟军战俘营见证了日本侵略者惨无人道的黑暗统治，见证了战俘们不屈不挠的反抗斗争，也见证了中国工友与盟国战俘之间的患难真情。

"266"是美国战俘尼尔·加格里阿诺的号码，当时在战俘营做学徒工的李立水只记得这个号码，并不知道他的名字。一天，李立水从拉菜车上取下几根黄瓜，看到266号眼巴巴望着自己，他立刻扔了两根过去，266号把黄瓜藏在工作台下面，冲李立水点点头。多少年以后，李立水几乎忘记了黄瓜和266号，直到2002年有美国记者采访李立水，他才随口说出。美国国务院授予李立水一张表扬证书，上面写着：为表彰在太平洋战争期间对关押在中国沈阳奉天战俘营美国战俘的协助，美国政府和人民将铭记你们的人道和勇气，因为只有那些勇敢和真挚的朋友才会冒生命危险去协助美国战俘。同战俘一起服劳役的中国工友高德纯，曾帮助3名战俘获得了逃跑可用的地图，被日军发觉后，遭受严刑审讯，并以"反满抗日"罪名被判处了十年徒刑。在日本工厂做工的葛庆余，曾帮助美军战俘偷轴承换粮食，并时时把外界消息传递进来。葛庆余和肯·塔沃成为好朋友，把家地址告诉他，如果逃出，可以找他。肯·塔沃说："所有这些，给了我和其他战俘顽强活下去的勇气。"

在沈阳二战盟军战俘营旧址陈列馆参观，内心产生的阴影，与硕大的黑色史实馆陈列馆展示大楼有一种灵魂与色彩上的呼应。大楼外墙上中、英文凸写着当年盟军战俘乔纳森·温莱特的"在漫长的被俘生活中，我不止一次在想，为什么日本人可以那样的惨无人道？"这一句话格外醒目，直刺人心。这是纪念墙镶嵌的2000余块灰色花岗岩上战俘名字的声音，这是260块黑色花岗岩上的死难战俘的声音，这是中国与世界一切爱好和平人士的声音。

沈阳二战盟军战俘营史实陈列馆展示大楼

我在陈列馆大院的钢板块甬路上漫步，小心翼翼，生怕打扰那些惊魂未定的战俘们在此的所有爱恨情仇。我双足走在上面，如同走进历史现场。我想起从纳粹奥斯威辛集中营走出的德语诗人保罗·策兰《冬》里的诗句：

　　　我们就要死去：棚屋你何不眠？
　　　这风，也像被驱赶者那样逃散……
　　　是他们吗，那些炉渣中冰凉的人……
　　　心旌飘飘，臂是炉台？

　　　我在黑暗中依然故我：
　　　柔能解愁，刚则断肠？
　　　我的星辰有一架洪亮的竖琴，
　　　琴弦生风，直到根根折断……

　　后来成为沈阳大学奉天盟军战俘集中营研究室主任的杨竞说："沈阳二战盟军战俘营旧址陈列馆的建立，已成为日军关押和残害盟军战俘、中国与美英等盟军并肩作战共同抗击日本法西斯的历史见证，是教育世人铭记历史、反对战争、珍爱和平的历史遗迹和重要场所。"

正义不会缺席

——沈阳审判日本战犯法庭旧址陈列馆

经过十四年艰苦卓绝的浴血奋战，中国人民终于取得抗日战争的伟大胜利，双手沾满人民群众和无数抗日将士鲜血的侵略者，终于受到了正义的审判。

沈阳审判日本战犯法庭旧址陈列馆原来是北陵电影院，前身为中国科学院东北分院俱乐部，始建于1954年，是一座斜檐闷顶式二层小楼，建筑设计沿袭苏联风格，并融进中国古典建筑元素，因离昭陵（北陵）较近，风格与昭陵有所对应。1955年，扩建改造后更名为利群电影院分院，1956年，新中国中央人民政府选定这里作为审判日本战犯的特别军事法庭。1957年这里由沈阳市电影公司接管，更名为北陵电影院。2012年，原审判法庭旧址开始修复改造。2014年5月18日，值世界第38个国际博物馆日之际，沈阳审判日本战犯法庭旧址陈列馆面对国内外正式开馆。

作为俱乐部、电影院，这里究竟上演过多少场晚会电影，恐怕已无人知晓了，但是作为审判日本战犯的法庭，留下的记忆与时间同在，钉子一样，牢固地嵌在历史的墙壁上。旧址陈列馆通过复原陈列和史实陈列有机结合，全面展示了1956年6月9日至7月20日最高人民法院特别军事法庭在沈阳公审36名日本战犯的整个过程。法庭上出现国际审判史上的罕见情景：所有受审战犯无一人否认罪行，无一要求赦免。他们痛哭流涕，请求法庭对自己严惩，并对日本军国主义进行谴责和揭露。按照二战后国际上惩治战犯规定的量刑标准，至少有上百名日本战犯应被处以极刑。然而，中央人民政府实行宽大政策，最终只决定对45名战犯予以判刑。在沈阳受审的36名日本战犯全部低头认罪、悔罪，有的罪犯甚至哭倒在地，要求法庭处自己死刑。最终经审判，包括在太原法庭审判的9名罪犯，45名日本战犯获刑最长的二十年，最短的八年，刑期自1945年战败被关押之时开始计算。其余未经审判的897名职务低、罪行轻、改造表现好的一律免予起诉，立即释放回国。从1956年6月开始，日本战犯分批被释放回国，截至1964年3月，被审判过的日本战犯全部回国。

沈阳审判日本战犯，创造了国际战犯审判史的奇迹，而对他们的宽大处理，则完美体现出中国人民以德报怨的博大胸襟。

走进陈列馆，最先看到"正义审判"4个大字，繁体的"中华人民共和国最高人民法院特别军事法庭"牌匾挂在展厅门前，瞬间把参观者的思绪拉回到60多年前。

"东边雪白墙上挂着中华人民共和国国徽，台上是审判长、审判员席，台下法庭区域是正方形，前面是书记员席，北侧是公诉员席，对面南侧是律师席；审判长正对面北侧是被告席，旁边是翻译员席，南侧是证人席……"当年的审判亲历者韩凤路、廉希圣、权德源等现已是耄耋之年，数十年后他们仍然清晰记得当时的情景。法庭正厅内摆放人物蜡像，复原当年日本战犯接受审判时的逼真场景，大型屏幕播放着当年一段30分钟的审判历史纪录片，包括日本战犯现场下跪谢罪。2017年，亲历者赵毓英老人回忆说："当时沈阳市政府在小楼右侧悬挂的一方牌匾，上面写着'这是中国人民自1840年鸦片战争以来，第一次在中国的土地上，不受任何外来干扰审判外国侵略者'。"置身于此，时光仿佛在倒流，历史真的像一位长者，

沈阳审判日本战犯法庭旧址陈列馆

法庭旧址陈列馆

低沉、缓慢地诉说，其语调饱含历经悲怆磨难之后扬眉吐气的沧桑感。

沈阳审判日本战犯旧址陈列馆的展示内容，分为审判背景、庭审准备、组建法庭、庄严审判、首案开庭、二案开庭、释放战犯、尾声八个单元，主要由照片、文稿、公函、书信、报刊、物件组成。据健在的多位亲历者说，当年审判现场，除了法官慷慨激昂义正词严的声音外，撼动人心的是大厅里的哭声，当事人悲痛的哭，证人伤心的哭，被告战犯悔罪的哭，工作人员忍不住偷偷抹几把眼泪悄声的哭……

侵华日军第五十九师团中将师团长藤田茂在法庭作犯罪供述和忏悔："我两次直接下达在战场上杀害俘虏的命令。中条山作战时，曾命令把被捕的8名俘虏作为活靶杀掉。泽州作战，曾下过杀害19名俘虏的命令。""我的罪行是极其严重的，认罪是一辈子的事情，只要我一息尚存，我将牢牢记住被害者们发自心里的话。……侵略战争，绝对不能允许再度发生，也不能让后一代人再走这一条错误的道路。"曾为日本战犯辩护的律师李长泰生前印象深刻的，是收到日本战犯宇津木孟熊在被释放回国前寄来的明信片。李长泰之子李爱军描述，宇津木孟熊表达了对中国政府和中国人民的感激之情："回国之后，我绝对不再参与战争了，我要为中日友好作出贡献！"日本战犯被审判前都关押在抚顺战犯管理所，当年的医务室护士长赵毓英老人全程参加了审判日本战犯，还为因病无法出庭接受审判的武部六藏在中国医科大学附属医院诊疗，现场陪同法官询问，以免发生意外。

中国政府和中国人民以德报怨的博大胸怀和人道主义精神，令世界惊讶，感动着一个个罪大恶极的战犯，他们由"鬼"变成"人"的结果，体现的正是新中国如朝阳般冉冉升起的生命力量。

被宽大处理的战犯们真心悔罪，回国后立即组建了"原日本人战犯中国归还者联络会"，简称"中归联"，1957年9月即在东京召开第一次全国代表大会，以"反对侵略战争，维护世界和平，促进中日友好"为宗旨，并展开了一系列活动。陈列馆展台里的一幅牵牛花照片，引人关注，原来是战犯用从中国带回的种子亲自播种培植的，战犯把鲜艳的花朵拍成照片，2007年中归联代表野津加代子回访抚顺战犯管理所，带来这张照片，交给了赵毓英。两朵紫罗兰颜色的牵牛花，明媚艳丽，在阳光下颔首微笑，象征中日不再战，永久和平。

沈阳审判日本战犯旧址陈列馆，位于沈阳市皇姑区黑龙江街77号，笔者曾在与之毗邻的辽河街居住10余年，也曾到北陵电影院看过多场电影，上下班以及去往别处，更是无数次经过那里。然而，我那时却不知道北陵电影院是审判日本战犯的现场。历史性的盲目、遗忘，让我每次的步履都轻盈快捷。如今，一座陈列馆在这儿，新中国发展史的重要一章刻写在这儿。所以，现在每次走到这儿，我的脚步都会滞重起来。人世间、人的内心，总得驻留些有分量的东西。

阳光照得顽石开

——抚顺战犯管理所旧址陈列馆

"改造日本战犯是人类灵魂重塑的伟大试验。"辽宁社会科学院研究员吕超说。抚顺战犯管理所及其全体管教人员以天空和海洋般宽阔的胸怀，成功将杀人魔鬼变成了和平使者；以阳光般的温暖，用10余年时间，让世界上最为顽固的石头开化，这难道不是人间奇迹吗？

抚顺战犯管理所位于辽宁省抚顺市区浑河北岸的宁远街，原是日本侵略者武装占领东北之后修建的一座监狱，关押日本自己的犯人和朝鲜犯人，后来主要用于监禁迫害反满抗日的爱国志士，当时称作"抚顺监狱"。1945年日本投降后，抚顺监狱被我军接收，作为抚顺县人民政府所在地。1946年3月我军撤退，被国民党军队改为兵营、马厩，后改为"抚顺模范监狱"，用来关押反对内战、争取和平的进步人士。1948年10月，抚顺解放，"抚顺模范监狱"再度被我军接收，改为辽东省第三监狱，后成为东北行政委员会司法部直属监狱。1950年6月，按照中央人民政府指示，由东北公安部、司法部和卫生部在此共同组建"东北战犯管理所"，后直接改称"抚顺战犯管理所"，直接拉开了新中国改造战犯的大幕。抚顺战犯管理所共接收、关押、教育、改造了日本战犯982人，伪满洲国战犯71人，其中包括清朝末代皇帝溥仪，书写出世界文化史、文明史的辉煌篇章。中国共产党领导下的社会主义中国，又一次因此而享誉世界。

抚顺战犯管理所旧址由于建筑年代久远，基础设施陈旧，部分主体建筑出现裂缝、倾斜甚至倒塌等现象，所以经过多次修缮整理。现在恢复建设了一部分当初的房屋和大礼堂，新建了2000平方米现代化陈列馆，增添了"改造日本战犯陈列馆"和"改造末代皇帝专题展"等，展览面积扩大。800余张图片、500多件实物，有关末代皇帝溥仪的80余件实物展品，是第一次向世人展出。抚顺战犯管理所是世界上保存比较完整的唯——所羁押与改造、审判战争罪犯的监狱遗址。

抚顺战犯管理所旧址陈列馆对外开放以来，至今一共接待40余个国家和地区的观众500余万人次，其中日本游客近4万，有300多名日本战犯重访过这个被他们称为"再生之地"的战犯管理所。众多日本战犯归国后，成了中日友好人士，多年来一直为中日友好积极奔走活动。1975年4月，86岁的藤田茂率领由归国战犯组成的中国归还者联络会代表团一行16人第三次访华，瞻仰抚顺平顶山"白骨馆"。1988年10月，中国归还者联络会成员自愿集资捐款，建造了一座6.37米高的由大理石和花岗岩构成的"向抗日殉难烈士谢罪碑"，矗立在抚顺战犯管理所旧址的大院里。

在被关押的982名日本战犯中，有司令官、师团长、旅团长、联队长、参谋长、大中小队长等600余名，包括到处建立无人区的日军第一百一十七师团中将师团长铃木启久、制造多次血腥惨案的日军第五十九师团中将师团长藤田茂、参与杀害赵一曼烈士的伪满警务指挥官大野泰治、谋杀赵尚志将军的伪满警察署长田井久二郎、参与指挥南京大屠杀的旅团长后任日军第一百四十九师团中将师团长的佐佐木到一……面对这些屠杀中国人民毫不眨眼的刽子手，抚顺战犯管理所的全体管教人员所付出的辛苦和忍耐力，语言的表述

抚顺战犯管理所旧址陈列馆院内

显得苍白无力，情感极限、立场极限、思想极限、心理极限，他们无一例外，都体验过了。

抚顺战犯管理所首任所长孙明斋有抵触情绪，当年他家乡被日军"扫荡"，房子被烧，乡亲被杀害，舅舅被日本狼狗咬死。他的回忆文章里说："当年穷凶极恶的强盗，如今竟让我负责管理，我该怎样对待他们？"东北公安部部长汪金祥开导他："管理教育日本战犯，前人没有先例，今人没有样板。党既然已把改造这批战犯的任务交给了我们，那就是说，党相信我们会把这批战犯管理教育好。"看守班长王兴10岁时，亲眼看到日军残杀了自己的7个亲人。昔日仇人被关，上级不但要求不能打，还要求谈话和蔼。王兴气得倒在床上大哭。孙明斋给大家做思想工作："我知道大伙儿想不通，其实我最开始也想不通，但是周总理说，'20年过后再来看我们现在做的工作，就能明白其中的意义和价值'。"他打了一个比方："我们现在克制、牺牲自己的感情，这也是一种战斗，就像当年在战场上和小鬼子拼刺刀。这些人当年全副武装时各位都没害怕过，现在改造他们的工作，又有什么可为难的呢？"

抚顺战犯管理所建立不久，朝鲜战争爆发。战犯们活跃起来，争先恐后阅读报纸上有关朝鲜战场的报道，抗拒改造，幻想美军打进中国"营救"他们。中秋节管理所发放月饼，一些顽固分子利用月饼盒包装，把圆形剪下贴在手绢上，弄成太阳旗，放在监舍遥拜天皇。还联名抗议，用拳头砸铁窗，歇斯底里喊叫。让日本战犯开始低下头的，是抗美援朝的伟大胜利，日本战犯看清了现实，新中国难以战胜。战犯们也从哈尔滨迁回了抚顺。国家在经费十分紧缺的情况下，在战犯管理所新建了俱乐部、体育场、图书馆和露天舞台，为"改造人、造化人"提供良好环境，全力彰显人道主义"三个保障"：保障人格不受侮辱，不打不骂；保障生活条件，物资供给

抚顺战犯管理所旧址

相当于中等市民生活水平；保障身体健康，救死扶伤，治病救人。

曾在抚顺战犯管理所关押后被赦免释放的日本战犯富永正三，回国后担任中国归还者联络会会长，他在 1989 年写的一篇文章中说："那时，我们并没有轻易地相信这种革命人道主义的待遇，心里想着说不定哪一天，会把我们这些人带到旷野去，遭受机关枪的扫射。然而，中国政府一贯的人道主义政策，使我们受到了教育而深为感动，渐渐地恢复了做人的良知，从而觉悟到自己在过去惨无人道地杀害中国人民的可耻罪行。"

熊谷清 1956 年被释放回国后，即加入中国归还者联络会，做了教师，致力于和平与民主教育、维护和平以及中日友好等活动，并在绘画方面取得成绩。从 1985 年开始，他在北海道各地举办"反战·和平与日中友好"绘画展。1987 年 5 月，熊谷清访问抚顺战犯管理所，将自己的部分油画赠送给抚顺战犯管理所。他有一幅《餐桌》，画面上，几个日本战犯愉快进餐，桌上有面包、水果等，菜品丰盛。一名战犯手里拿着烟，战犯们说笑着，神情自然轻松。如果不看注释，很难想象这是战犯在进餐。熊谷清写道："与天天吃高粱饭的管理所工作人员相比，我们吃的却是管饱的大米饭，我们从来没有被饿到。"三年困难时期，管理所工作人员面临着食品缺乏，而日本战犯的肉蛋类和米面并未减少。战犯吃精粮甚至西餐，管理人员吃高粱米、窝窝头。连战犯们自己都说，这是古今中外从来没有过的事。

武部六藏是日本对中国东北进行殖民统治的首要战犯，他 1952 年突发脑血栓，经抢救脱险，从此瘫痪在床。为照料他，管理所派焦桂珍做专职护理员。焦桂珍一勺一勺喂他吃饭，为他端屎端尿，每天擦洗。60 多岁的武部六藏形容 30 多岁的焦桂珍"像母亲一样照顾我"。最终，武部六藏被感化，如实供述全部罪行。战犯上中正高

中国归还者联络会捐立的"向抗日殉难烈士谢罪碑"

因胃溃疡做手术，手术过程急需输血，管理所工作人员纷纷上前。上中正高深受感动："中国人不管冤仇多深，把自己高贵的血，给我献了3000毫升，挽救了我的生命，这是多么伟大的恩情，我怎能不报答呢？"

1956年6月21日第一批被释者335名，7月18日第二批被释者328名，8月21日第三批被释者354名，均由天津乘日本"兴安丸"号轮船接运回国。至1964年4月，所有战犯获释。告别会上，战犯代表曾声泪俱下宣读《感谢文》："只有中国人民，才是我们的恩人和再生父母。我们要把从各位那里得到的两件宝物——新的生命和真理，在后半生中为人民、为社会和平而奋斗。"

抚顺战犯管理所旧址陈列馆，已经成为"铭记历史、传承友谊；前事不忘、后事之师"的重要历史素材基地。正是中国人民以前所未有的克制忍耐、善良美好拯救了曾经像野兽一样的日本战犯。

101 高地的丰碑

——黑山阻击战纪念馆

　　1948年11月，黑山阻击战结束还不到一个月，黑山县人民便在城北石龙岗上修建了黑山阻击战烈士陵园，并在陵园内建了黑山阻击战纪念馆。1988年10月，黑山阻击战胜利40周年时，当地政府在101高地主峰前的平坦处建起了一座高1.2米、宽2.4米的汉白玉黑山阻击战战史碑。1996年10月，又在101高地的主峰修建了高10.1米的纪念碑，纪念碑上镌刻的"辽沈战役黑山阻击战101高地纪念碑"，由当年指挥101高地战斗的原东北野战军第十纵队二十八师师长贺庆积将军题写。2008年，在101高地西南山脚的黑山阻击战旧址，建起了新的纪念馆，原纪念馆的文物全部迁入新馆，2011年7月1日正式对外开放。黑山阻击战纪念馆是主体高11米的两层建筑结构，顶部为半球形，外部呈"101"造型。纪念馆里面有图片、文物、战史资料及当年战场的复原图、101高地模型、沙盘、多媒体半景画等，比较完整地还原和再现了黑山阻击战的历史。走出纪念馆大门后，沿着左边山坡上行千余米，便是101高地遗址，遗址由500余米长的多道环形战壕、近200米长的交通沟和22个掩体工事组成，1988年由文物部门发掘清理，现依然保留着当年战场风貌。

　　黑山阻击战是辽沈战役进程中的关键性战斗。在东北战场，解放军包围了锦州，欲关门打狗，全歼锦州敌军。锦州是东北通向华

黑山阻击战 101 高地纪念碑

北的大门，若锦州失陷，国民党华北军队就无法进入东北，战略意义非常明显。锦州被我军包围后，蒋介石令廖耀湘兵团从营口前往锦州救援。在获悉廖耀湘兵团动向后，我军即刻派出第十纵队在黑山口进行阻击，只要阻击住国民党军队，我军攻下锦州，就可以切断华北、东北国民党军之间的联系。对于国民党来说，冲出黑山就能救援锦州，挽回东北战局。黑山阻击战以我军胜利结束，锦州失守，敌军没必要再突破黑山防线，所以廖耀湘兵团选择撤退，逃往沈阳，而我军多路包抄、合围，最终全歼廖耀湘兵团。

每每回顾黑山阻击战的残酷与壮烈程度，还是惊心动魄、催人泪下。将士们不畏生死、坚守阵地的坚强意志和牺牲精神，永远值得赞颂、值得书写。

当时敌我双方实力相差悬殊，敌人10万精锐部队，装备精良，"武装到了牙齿"。我军2万官兵，东北野战军第十纵队刚组建一年，装备落后。在这样艰难条件下，第十纵队将士坚守阵地三天三夜，72小时寸步不让、寸土必争，用年轻的血肉之躯，筑起一座钢铁堡垒，为大部队攻打锦州赢得宝贵时间。

1948年10月23日上午，敌军两个营兵力在黑山、大虎山以东的胡家窝棚向我军防御阵地发起猛烈进攻，同时另外两个营兵力则向我黑山城北部的尖子山防御阵地发起疯狂攻击，但是均被我军顽强击退。10月24日拂晓时刻，敌军出动了5架飞机对高家屯一线轮番轰炸开道，接着就是5个师兵力向我军阵地发起的全线攻击，主攻方向即黑山县城东北的101高地。上午，敌人的连续三次进攻被击退；下午3时，敌人向101高地发起第四次进攻。在飞机大炮掩护下，两个营敌人向山头爬来，阵地将士虽全力以赴，终因寡不敌众，101高地失守。下午5时30分左右，我军反击，除炮火向101高地猛烈轰炸之外，我军兵分三路向101高地发起冲锋。激战半小时，守敌被击退，我军收复101高地。晚7时左右，城东一线高地全部被我军夺回。10月25日的战斗更加惨烈，面对敌军的波浪式攻击，我守军已不足百人，下午4时，101高地再次失守。为夺回101高地，我军分四路直扑高家屯，登上101高地山腰，炸毁敌人4个机枪火力点，把红旗又一次插上101高地。经过3天浴血奋战，黑山至大虎山一线主要阵地被我军全线夺回。"黑山阻击战创造了震撼全国的阻击战战例，载入史册。"

黑山阻击战整个战况，解说员解说得认真、生动，加上图片、文字、烈士遗物、后人评论的辅助，是立体的形象化再现，撼人心魄。

黑山阻击战纪念馆的英模展区，陈列着很多英模照片，血战101高地英雄连长倪恩善的照片也在其中。倪恩善来自山东临清，1945年初参军，黑山阻击战期间任东北野战军第十纵队二十八师八十二团一营一连副连长。他和他的战友在101高地上与敌军血战拼搏，打退敌人多次冲锋。1948年10月24日，坚守101高地的第八十四团二营战士全部牺牲，101高地失守。倪恩善按师部命令，带领一排战士分三路向101高地进攻，冲到前沿阵地，他腰部和左腿中弹，流血不止。倪恩善咬紧牙关不顾伤痛，继续带领战士向前冲，半小时后将守敌击退。第二天战斗更激烈，倪恩善表示："就是剩下一人一枪，也要完成战斗任务！"在他的率领下，战士们做好了与敌人决一死战的准备。下午6时，战斗打响，战士们与敌人展开肉搏战，倪恩善带领第一突击队冲上山顶，夺回失守的101高地。战后，倪恩善所在连队被授予黑山阻击战"战斗模范连"光荣称号。

王玉山是黑山阻击战中的另一位英雄，被誉为"硬骨头排长"。他率领战士同敌人展开白刃战，以一当十，王玉山和全排战士全体阵亡。他们的壮烈事迹，在黑山阻击战纪念馆中存有档案，每一个

黑山阻击战101高地纪念碑远景

牺牲战士的名字，都闪闪发光，成为参观者眼中、心中的明星。在黑山阻击战中，我军伤亡4000余人，仅仅3天时间，可以想象当时围绕101高地展开的数次防守、进攻是何等惨烈。当然，国民党军队的伤亡是成倍数增加的，这还不包括被俘的6300人。胜利，永远会站在正义一边，站在人民一边，站在代表社会进步力量的一边。为此总是要付出巨大的牺牲，在黑山口，人民解放军的将士们，用自己的血肉之躯，把国民党军廖耀湘兵团挡在路的那一边。

瞻仰辽沈战役纪念馆时，曾在展厅里看见一架特殊的"望远镜"——日制九三式炮兵观测镜，是抗日战场上缴获的，被东北野战军第十纵队二十八师师长贺庆积将军一直带在身上。黑山阻击战中，这架"望远镜"跟随贺庆积，在101高地上经受了战火的洗礼，它同样是历史的见证者。

师长贺庆积在指挥所里，借助这架观测镜直接指挥战斗。从10月24日开始，国民党军向我军全线发起猛烈进攻，重点在101高地。一次次被我军击退后，敌军组织"敢死队"和由尉官以上军官组成的"效忠党国突击队"，向101高地发起轮番进攻。坚守在阵地的第八十二团二营战士们沉着应战、顽强阻击。25日清晨，贺庆积带领师部相关人员将指挥所前移至92高地的隐蔽处。中午，贺庆积从观测镜中发现国民党军正在偷袭101高地，当即率领第八十二团三营和特务连的部分战士及警卫员、通信员、卫生员迅速出击，将两股偷袭的国民党军打退。

贺庆积凭借着这架观测镜及时、仔细观察战地情况，从容指挥作战。观测镜陪伴贺庆积，在101高地上经历了三天两夜的殊死战斗。他从这架观测镜里，目睹了我军将士英勇攻击、拼死防守的悲壮场景，直至阻击任务完成。

黑山阻击战是不朽的，就像黑山阻击战纪念馆园区烈士陵园里一座座石碑一样，它们已经与山川河流化为一体。1000余平方米壮阔而肃穆的碑群，正是人们怀念、敬仰、铭记、传承的红色根基。石碑中有当年我军首长们的题词。罗荣桓政委的题词是：为人民而死，虽死犹荣。刘亚楼副司令员（参谋长）的题词是：为革命而牺牲的英雄们永垂不朽。

青春为塔　生命成山
——塔山阻击战纪念馆

　　中华人民共和国开国大典前夕，1949年3月25日下午3时，毛泽东主席在北平西苑机场检阅入城部队。当检阅车缓缓驶近飘扬着"塔山英雄团"大旗的队伍时，毛主席让司机慢一点开，然后抬手，朝着大旗、朝着跟随大旗前行的部队，行举手礼。

　　吴克华，当年东北野战军第四纵队司令员，经历无数战斗，可塔山阻击战的生死较量，令他一生刻骨铭心。在病榻上，弥留之际的他再三向家人嘱托："我死后，一定要把骨灰一部分葬在家乡，一部分葬在塔山。"1988年8月1日，将军的老伴、儿子、女儿不远千里，把吴克华的骨灰从广州送到塔山。

　　胡奇才，塔山阻击战的纵队副司令员，曾4次携老伴及女儿到塔山故地重游。他每次都要站在当年指挥所的位置瞭望，每次都要走到前沿阵地遗址默哀。无声缅怀牺牲的战友们后，将军向身边的亲人诉说："我是塔山的幸存者，做梦都梦着这地方，死后一定要回塔山，这样我的灵魂才安稳。"当将军的老伴、女儿第五次到塔山，胡奇才也来了，不过，人们没有看到他的身影，而是女儿双手捧着的骨灰盒……

　　江燮元——当年第四纵队十二师师长、李福泽——当年第四纵队参谋长、焦玉山——当年"塔山英雄团"团长，3位将军的骨灰也送到了塔山……

曾任中央军委副主席的张万年，塔山阻击战时是通信股股长，参加了6个昼夜血战的全过程。1998年清明节，在743位烈士的合葬墓前，新落成了5座将军墓，墓前竖起一座大理石纪念碑，碑上"塔山英烈万世流芳"8个大字，是张万年将军魂牵梦萦的情思写照。

　　2001年7月1日，欧阳文，当年第四纵队副司令员兼政治部主任，也是《解放军报》首任主编，他的骨灰来到了塔山；陪同的，还有老战友——当年第四纵队政治委员莫文骅的骨灰……

　　以《半夜鸡叫》影响几代人的著名军旅作家高玉宝，当年是四纵十二师一名侦察通信员，经常需要在电话线被敌军炸断的情况下，冒着炮火跑步传达命令。他说，在力量均衡的1948年，交战双方都知道塔山之重。后来高玉宝的儿子高燕飞回忆："父亲生前，每每提到塔山，满耳就仿佛响起天崩地裂的枪炮声和飞机轰炸的声音。"

　　"六天六夜，我们一直守在壕沟里战斗，一步也没后退。我们人少，敌人人多，打胜仗凭的就是不怕死的精神。战友受伤了，倒下了，我们就玩命背回来……敌机不停地轰炸，炮弹炸伤了我的腿，简单包扎一下就继续上战场。一场战斗下来，全连只活下来我们3个人。"回忆塔山阻击战，94岁的老战士张贵斌忍不住哽咽。

　　塔山阻击战期间，每个战士都做好了和塔山阵地共存亡的准备，有的甚至提前写好遗书。面对军令他们没有丝毫迟疑，死守阵地，人在阵地在，只要还有一口气，就要阻挡住敌人。7000人打得只剩下120人，战士们的尸体已叠了3层。必胜的信念和为新中国献身所构建的我军强大的心理防线，与生命本身的力量合成一体，成为敌人难以逾越的铜墙铁壁。当时虽已进入秋天，可在连天炮火轰炸烤灼下，阵地上焦煳味、血腥味、硝烟味、腐臭味弥漫，我军胜利后打扫战场时仍感闷热难耐。

　　笔者在塔山阻击战史料里读到上述细节，内心的翻腾滋味何止百感交集！回望历史岁月，一路血染风采。塔山英烈用鲜血和生命铸就的塔山之魂，极大提高和丰富了我们对信仰、忠诚、坚忍、奋斗、牺牲的理解，留下了不可复制的精神财富。讲解员手指一张黑白照片，语调的悲切似乎与她的年龄不相仿："塔山堡村老民宅的房梁上，至今还可看到当年激战时留下的弹痕。"一点弹痕，一处土地与村庄的战争创伤，新中国创建的屡屡磨难与今天幸福生活的来之不易，可见一斑。

进入陵园，路口高大的仿古牌上方，由中央军委原副主席刘华清上将题写的"塔山革命烈士陵园"分外醒目。塔山革命烈士纪念塔位于山顶，由花岗岩砌成，左右辅以连体副碑，塔座正面镶有石雕花圈，塔两侧上方高悬军功章浮雕，塔背面镌刻碑文，讲述了战斗经过和英雄事迹。塔正面有陈云题词："塔山阻击战革命烈士永垂不朽"。在纪念塔的后侧，为革命烈士公墓，烈士们合葬墓与将军墓都在这里。公墓四周有白玉护栏，纪念塔前方有可容纳万人的广场。

广场右侧是由东野第二兵团司令员程子华题名的塔山阻击战纪念馆，纪念馆被设计成碉堡形状，坐落在当年"塔山英雄团"指挥部旧址——58高地。纪念馆布展内容分为"迎接决战""鏖战塔山""策应决战""人民支援""彪炳千秋"五部分，通过实物、图片、史料、将军访谈、3D幻影成像等各种方式手段，再现当年战争场景，全面介绍塔山阻击战的全过程。展馆内的战场沙盘模型，无声讲述着塔山阻击战的重要战略意义；黑白照片、历史旧物、功勋奖章，生动展现出解放军官兵的英勇无畏；百姓支援前线的各种用具，鲜活见证着战场上的民心所向……

塔山地区易攻难守，东靠大海，极易受到海上军舰侧面攻击威胁。而夹在中间的塔山村周围有8000米开阔地带，基本无险可守。左边虽有一点丘陵，但最高点的白台山海拔也只有261米。一切都

塔山阻击战革命烈士纪念碑

塔山阻击战纪念馆俯瞰图

在敌人眼皮底下，一览无余。塔山是锦西至锦州的必经之地，是国民党军西进兵团驰援锦州的必经之路，也是辽沈战役我军堵住国民党援军的必争之地。

据塔山阻击战史料记载，国民党第六十二军军长林伟俦率军进攻塔山时，从军用地图上看，塔山易攻难守，不足为虑。可他的部队开始进攻，才感觉前进一步都十分困难，尽管有强于解放军几倍的飞机大炮火力助攻。林伟俦不解，潜到前沿观察才发现，塔山阵地的堡垒星罗棋布，障碍物、交通壕纵横贯通，还有即使无人防守也难以通过的鹿寨、木桩、铁丝网等构成的防守阵型，让林伟俦惊恐不已，仅10多天时间，解放军如何能找到这么多木材，构筑如此完善的防御阵地？

林伟俦百思不得其解的问题，正是蒋介石国民党彻底失败的原因：得道多助，失道寡助。正像电影《大决战》给出的回答："再大的困难，只要我们身后有这样的百姓，这样的支持，我们能不胜利吗?"塔山地区树少石多，第四纵队最初也苦于缺乏修筑工事所需的材料，但锦西地区的老百姓在党员、干部的带领下，克服各种困难，一面为打阻击的部队供应了870万斤粮食、364万斤马草、4400多把锹镐、1500多条口袋以及大量的鸡鸭鱼肉和水果，一面将自家门板、火炕沿木、柜橱甚至是老人寿材都贡献了出来。

我军以8个师迎战国民党11个师，取得塔山阻击战的胜利，为东北野战军主力攻克锦州赢得宝贵战机。纪念馆的肃穆之意扑面而来，黑白照片所凸现的那些英雄身影、坚定眼神，仿佛与我对视，让我不由自主地驻足凝视。面对敌人的猛烈攻势，将士们仿佛在诉说着坚守的力量，我几乎近在咫尺，感受当时硝烟弥漫的氛围，目击他们在绝境中挺身而出，誓死守卫这片土地的英勇壮举。

在塔山阻击战纪念馆漫步，在一个个肃穆的展厅穿行，仿佛连接起历史血脉。一顶破旧的钢盔，一只满是铁锈的水壶，一本泛黄的信笺……平凡而真实的物品，见证了那个时代英雄们的生命细节。一件被弹片击穿的军装，上面残留着斑驳血迹……墙壁上有许许多多的名字，那是塔山阻击战中英勇牺牲的将士们，而没有留下名字的烈士们，却永远长眠于这片英雄的土地。十七八岁、二十来岁的年纪，正是如花的青春绽放时刻，年轻的他们却为了人民的解放事业，死而无憾地贡献了生命。塔山无塔，青春成塔；塔山无山，生命成山。

我们的队伍向太阳

——辽沈战役纪念馆

向前！向前！向前！我们的队伍向太阳，脚踏着祖国的大地，背负着民族的希望，我们是一支不可战胜的力量。我们是工农的子弟，我们是人民的武装，从无畏惧，绝不屈服，英勇战斗，直到把反动派消灭干净，毛泽东的旗帜高高飘扬。听！风在呼啸军号响！听！革命歌声多嘹亮！同志们整齐步伐奔向解放的战场，同志们整齐步伐奔赴祖国的边疆。向前！向前！我们的队伍向太阳，向最后的胜利，向全国的解放！

我轻声哼唱《中国人民解放军军歌》，向锦州辽沈战役纪念馆进发。辽沈战役是抗日战争胜利后，我人民军队对国民党军队进行的一次重大战役，它的历史性胜利，是永久的辉煌。正像历史学者所说，辽沈战役打破了国民党军队的"铁壁防线"，使我军能够及时向南推进，迈出解放全中国的有力步伐；标志着我军把握战争的时机准确，实力得到提升。同时缴获、掌握了大量武器装备，保证了人民军队的物资储备，为新中国创建赢得国际声誉和地位打下了基础。并且从此牢牢掌握着战争的主动权，为夺取其他战役的胜利积累了宝贵经验，直至夺取全国胜利。作为后来者，有理由为这支人民军队的勇敢和付出的牺牲感到骄傲与自豪。

辽沈战役纪念馆俯瞰图

1948年秋天，东北解放战争经过三年艰苦奋战，进入关键性战略节点。9月12日至11月2日，在华北人民解放军配合下，东北人民解放军在辽宁西部及沈阳、长春地区与国民党军进行规模空前的大决战，历时52天，歼灭国民党军47万余人，东北全境宣告解放。

迈进辽沈战役纪念馆大门，踏上代表52个昼夜的104级台阶，数字在此再次具有了象征意义。枪炮声仿佛在耳边响起。辽沈战役纪念馆展示序列包括序厅、战史馆、支前馆、英烈馆和全景画馆。

序厅是第一大亮点，宏伟宽敞，大气磅礴，光洁的黑金砂石铺就的地面，中间镶嵌黄麻石，如一条亮晶晶的色带，与黑金砂石星光般的璀璨交相辉映。迎面是大型主题雕塑《决战决胜》，以我军突破城垣的画面为背景，表现人民解放军赴汤蹈火一往无前的进军气势。书写前言的卧碑是整个东北地形，再现辽沈战役东北全境解放的胜利面貌。东西两侧装饰墙各镶嵌五枚铜质奖章、纪念章，在凸起的墙面下垂，透出凝重久远的历史感。猛然抬头，天棚3颗硕大的金星，熠熠生辉，使我油然产生向人民解放军举手致敬的内心冲动。

战史馆体现的是往事追溯，更是现实纪念。1945年8月至1948年底的3年，东北人民解放军由初期的10余万人，发展壮大到100余万人，历经战略撤退、战略防御和战略进攻三个阶段，通过山海关保卫战、秀水河子战斗、本溪保卫战、四平保卫战、鞍山海城战役、新开岭战役、三下江南四保临江战役、攻克锦州、和平解放长春、辽西大会战、占领沈阳和营口等一系列运筹帷幄与战场拼杀，取得东北解放战争的伟大胜利。

陈云穿的棉背心，程子华使用的望远镜，田广文、程茂远在战斗中荣获的毛泽东奖章，吕其恩部队在庄河用过的风琴，萧劲光在长春围困战时期用的长春地图，刘亚楼用的望远镜，第三纵队使用

辽沈战役纪念馆序厅

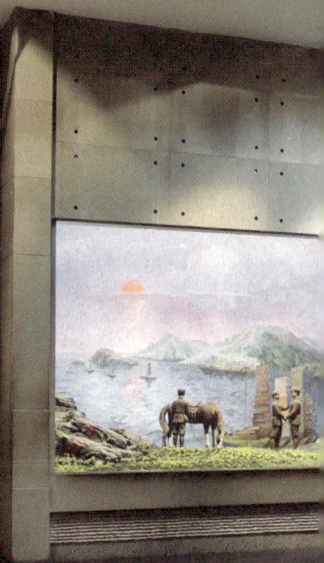

辽沈战役纪念馆战史馆

的锦县（今凌海市）作战部署图，张绍柯烈士使用的照相机，张秀山从延安进入东北使用的布质挂袋，赵兴元使用的罗盘仪，梁士英烈士在锦州战役用的爆破筒的残片，孙义在的子弹袋，曾泽生将军在长春起义时用的手表……战史馆每件解放战争时期的文物，都是一个动人的英雄故事。

毛泽东、刘少奇、陈云、张闻天、彭真关于创建巩固东北根据地的篇什，尤其是毛主席就辽沈战役的作战方略所发给林彪、罗荣桓、刘亚楼三位首长的一系列电报，其陈列内容充分展示了老一辈革命家高瞻远瞩、把握全局、胸有成竹的英明决策，既是辽沈战役取得最终胜利的精神引领，又是战略战术灵活运用的卓越智慧。它们像战史馆主题雕塑中的旗帜、进军号、炸药包、解放军将士冲锋的身影一样，被时间凝固成了永恒。

支前馆也有主题雕塑，即人民群众不畏艰险、千里远征、踊跃支前的火热情怀。辽沈战役的胜利，说到底是人民战争的胜利。"军民团结如一人，试看天下谁能敌？"在"一切为了前线"的号召下，积极动员，努力生产，踊跃参军，支援前线。所有记载的数字，只有在中国的土地上，在中国共产党领导下的人民军队获得社会各界全力支持的背景下，才能够出现。东北地区参军160万人，出动民工313万人、担架20万副，交纳粮食450万吨。男女老少送公粮、缝军衣、做军鞋、照顾伤病员；民工们在枪林弹雨中架桥铺路、运送物资、抢运伤员，军队打到哪里就支援到哪里。支前馆展示的独轮车、担架、扁担、米缸、铁叉等，只能是数十万独轮车的其中一辆、数十万担架的其中一副、数十万扁担的其中一条、数十万米缸的其中一个、数十万铁叉的其中一柄……军民鱼水血肉关系的生命谱，永载辽沈战役光辉史册。

面对英烈馆的主题雕塑，你可以把画面中的人物看成侦察英雄

辽沈战役纪念馆支前馆

辽沈战役纪念馆英烈馆

辽沈战役纪念馆正门

"干"字广场

环境优美的大梨树村

辽沈战役革命烈士纪念塔远景

杨子荣，看成舍身炸碉堡的董存瑞，可以看成以自己躯体粉碎敌人地堡的梁士英烈士……英烈馆的述说，与辽沈战役纪念园区的纪念碑文、烈士纪念塔"里应外合"，竖起一道道难以穷尽的敬仰与怀念的心灵丰碑，看到这些，倍感朱德元帅为烈士纪念塔题写的"辽沈战役革命烈士永垂不朽"的分量所在。在辽沈战役中，有5万余名中华民族的优秀儿女，牺牲在自己深深热爱与眷恋的东北黑土地上，用鲜血和生命抒写了家国情怀的新篇章，为后世留下了奉献，留下了勇敢，留下了"为了新中国，冲啊"的豪言壮语，留下了令一代又一代人学习和效仿的光辉榜样。

全景画馆的《攻克锦州》全景画，画面高16.1米，周长122.24米，地面塑型达1000平方米，真实再现了辽沈战役的关键性战斗——攻克锦州的壮阔宏大场景。艺术家的现实主义油画技巧，把战争场面融会在环形画面中。山川、河流、村落、楼群，被炮火纷飞的色彩熏染得逼真具体。创造者运用色彩、光线、远近的明暗对比透视关系，创造了一个符合锦州季节和战场气氛的时空环境，特别是离观众较近的人物形象，粗犷有力的笔触和强烈的色彩渲染，创造了震撼人心的力量。《攻克锦州》不是电影却胜似电影，它把一场举世闻名的战斗浓缩在一张画布上，定格在所有参观者的精神世界，令人产生无限联想，让参观者更加珍惜今天来之不易的幸福生活。

辽沈战役彪炳史册，光耀千秋，留下了宝贵的精神遗产。攻坚克难、勇于牺牲，为人民幸福而奋斗的责任使命，始终是中国共产党人和人民军队的理想信念。正因为如此，才得到了广大人民群众的热烈拥护与支持，辽沈战役中的百姓才能够舍生忘死支援前线，舍生忘死抢救伤员，舍生忘死地将家里唯一的男孩送去"打老蒋"……毛主席说："锦州那个地方出苹果，辽西战役的时候，正是

辽沈战役革命烈士纪念塔

秋天，我们的战士一个都不去拿，我看了这个消息很感动。在这个问题上，战士们自觉地认为：不吃是高尚的，而吃了是卑鄙的，因为这是人民的苹果。"辽沈战役中出现的一个生活细节，被领袖举例说明人民解放军战士纪律严明、不拿群众一针一线的高尚品格。"不吃老百姓一个苹果"的故事，感动和教育了几代人。世界上真有这样的军队，即中国人民解放军——老百姓的子弟兵。

我在辽沈战役纪念馆纪念园区慢慢行走，向朱瑞将军的花岗岩石刻像鞠躬，向梁士英、张士毅烈士的墓碑鞠躬，向高高矗立的烈士纪念塔鞠躬……它们和前后左右的青松翠柏一起，成为蓝天白云永远活着的灵魂，成为白山黑水东北大地一串串响亮的名字。一排排绿树的挺拔昂首，一座座碑林的倾情书写，正是英烈馆里诸多革命烈士的化身。他们已经成为一棵棵参天大树，在阳光下闪烁出五彩斑斓的生命力量。其实，它们本身就是阳光，照耀着无数后来者奋勇前行的征程。为载入史册的辽沈战役歌唱，为亲爱的祖国歌唱，为伟大的中国人民解放军歌唱……到锦州辽沈战役纪念馆来，收获满满，信念倍增。

生命飞行的壮烈时刻

——东北航空历史纪念馆

  沿沈阳至康平高速公路驱车70公里，在距离法库县城10余公里的一片种满苞米的向阳山坡前，东北航空历史纪念馆庄严矗立。纪念馆馆名由著名书法家、文化学者，沈阳故宫博物院原院长李仲元先生题写，厚重硬朗、凌厉俊俏的笔锋，充满历史沧桑。仲夏时节，一场大雨过后半阴半晴，云朵呈黑白两色，匆匆飘向远方，阳光在云隙间径直照射，停放在纪念馆院里的一架早期退役的国产"运-11"小型客机，发出银白色光芒。飞机仿佛展翅欲飞，准备再次腾空，穿云破雾，翱翔于祖国万里碧空，续写往日辉煌，重现当年风采。

  东北航空历史纪念馆位于法库县通航产业基地内，是东北地区最大的航空主题纪念馆，占地1万多平方米，宽阔博大，绿草茵茵，小树成行。几栋高大的建筑物巍然矗立其中，成为东北航空历史纪念馆的陪衬。东北航空历史纪念馆于2015年8月15日，抗日战争胜利70周年之时正式开馆。纪念馆建筑面积3000多平方米，陈列面积2000平方米，有飞机实物1架，飞机模型300余种，不同年代文物500余件，大型展板150多块，老照片1000余张……这些实物来自四面八方、五湖四海。它们分别排列组合在四个展示单元和一个互动区域里，成为历史，成为记忆，成为络绎不绝到此的数十万参观者的心海波澜。这里也有东北籍的航空英烈挥汗、洒泪、喋血的生命历程。

东北航空历史纪念馆正门

展示区第一个单元"抗战风云"，主要展示1931年至1945年的十四年抗战期间，国共两党合作中，中国空军浴血奋战、航空报国的英雄篇章，也展示了美国"飞虎队"和苏联"援华队"协助中国人民抗战的动人事迹。第二个单元"空军摇篮"，主要展现共和国成立之初，人民空军从无到有、不断取得惊人进步的历史进程：成立航空总队、创建东北航校、培养第一批飞行员包括第一批女飞行员的创业历程。第三个单元是"壮志凌云"，主要介绍中国人民志愿军在抗美援朝期间可歌可泣、气壮山河的英雄故事。第四个单元是"大国之翼"，主要介绍共和国航空事业的迅速崛起和腾飞的奋斗史，以及世界航空的百年发展进程。

走进东北航空历史纪念馆，才知晓孙中山是中国近代航空事业的倡导者和组织者，他提出"航空救国"思想并于1923年设立航空局。走进东北航空历史纪念馆，才知晓东北空军的最初渊源。1920年张学良首提建立东北航空，同年10月沈阳第一个机场——东塔机场落成，翌年4月成立东北航空处，有飞机20余架，有飞龙、飞虎、飞鹰3个飞行中队。之后又创建东三省陆军航空学校，仅1922年至1924年，就培养出飞行员40余名。走进东北航空历史纪念馆，才知晓抗战胜利之后，中共中央审时度势，在延安发出立即组建东北航校的英明决定，沈阳即成为人民空军的发祥地，为新中国培养了560名飞行员和地勤人员，他们成为开国大典、抗美援朝驾驶飞机的中坚力量。走进东北航空历史纪念馆，才知晓东北老航校的教官学员们马拉飞机、人推火车，用酒精替代航空汽油的艰辛岁月，才知晓我国第一位女飞行员张玉梅，才知晓驾驶喷气式战斗机的第一人邹炎，才知晓抗美援朝战场上击落美军飞机的李汉……历史能在眼前浮动，就因为它鲜活，就因为它悲壮，就因为它深深积淀在中华民族饱经磨难和屈辱之后的记忆之中，生生不息的民族已经站立

东北航空历史纪念馆"抗战风云"展区的部分内容

东北航空历史纪念馆展区的部分内容

起来，不再懦弱不再任人欺凌的伟大事业将大展宏图。

　　走出东北历史航空纪念馆，胸中火焰腾腾，怎一个"烈"字了得！笕桥中央航空学校1928年成立于南京，抗战期间，笕桥航校飞行员发出誓言："我们的身体、飞机和炸弹，与敌人兵舰阵地同归于尽！"气吞山河，忠烈。一幅幅黑白老照片如同凝固的时间，记录着日本侵略者的飞机对锦州、重庆的无差别轰炸，灭绝人性，惨烈。抗美援朝，中国人民志愿军飞行员不畏强敌，英勇奋战，敢于牺牲，以自己飞行几十个小时、几百个小时的经验与飞行几千小时的美国王牌飞行员做殊死搏斗，共击落敌机330架，涌现了王海、赵宝桐、韩德彩等一大批英雄，牺牲226名飞行员，壮烈。1960年9月20日，美军一架F-104C入侵海南岛，海军航空兵大队长高翔驾驶歼-6迎击，怀着"如果打不下敌机，撞也要把它撞下来"的必胜信念，英勇无畏，艺高胆大，以弱胜强，把F-104C当场打爆，飞行员菲利普·史密斯跳伞后，成为第一个在中国领空被击落并活捉的美国飞行员，此战被誉为"世界空战史上的创举"，豪烈。从新中国成立到改革开放，我国航空航天事业飞速发展，取得了令世界瞩目的辉煌成就，正在逐步缩小同世界发达国家之间的差距。航空航天大学硕果累累，创新科技人才辈出，李中华、杨利伟、罗阳等航空航天英模加速着伟大的中国梦的实现，轰轰烈烈。

　　此刻，纪念馆院里的"运-11"小型客机在阳光下仍然是满身光彩，像一个巨大的逗号，它的前面或上空，C919大型客机、C929宽体客机所描绘的我国航空事业的宏伟蓝图已经翻开了崭新一页，歼-20、直-20、运-20、轰-20所代表的强军强国之梦，正在有条不紊地一一展现。用不了多长时间，东北航空历史纪念馆会有它们的全部身影。历史，是过去；而现实，也是美好未来的脚步。

东北航空历史纪念馆展区的部分内容

东北航空历史纪念馆展区的部分内容

和平年代的奠基者

——抗美援朝纪念馆

在辽宁省丹东市鸭绿江畔英华山上屹立的抗美援朝纪念馆，是全国唯一的全面反映中国人民抗美援朝战争和抗美援朝运动历史的专题纪念馆，它由抗美援朝纪念塔、纪念馆、全景画馆和国防教育园四部分组成。

抗美援朝纪念馆（新馆）分为序厅、抗美援朝战争厅、抗美援朝运动厅、中朝人民友谊厅、中国人民志愿军英烈厅、纪念厅六大部分，序厅正前方的"抗美援朝　保家卫国"8个大字，无疑是抗美援朝纪念馆的陈列主题。辅助陈列有"抗美援朝战争全景沙盘""激战云山城""冰雪长津湖""钢铁运输线""无敌坑道""上甘岭""奇袭白虎团"场景、雕塑、油画等。全景画馆陈列有长132.15米、高16米的大型全景画《清川江畔围歼战》，并有表现各种战斗场景的地面塑型，配有灯光、音响。国防教育园陈列了抗美援朝时期的1115号模范机车、图-2型轻型轰炸机、米格-15比斯飞机、T34-85坦克等珍贵文物，以及中国人民解放军成长历程中使用的各式火炮、雷达等上百件大型兵器。

作为抗美援朝战争胜利以后出生的"50后"，我虽然没有身处当年那种如火如荼可歌可泣的时代氛围之中，可在我成长的岁月里，看过电影《上甘岭》《英雄儿女》《打击侵略者》《奇袭》《长津湖》，看过杨朔的长篇小说《三千里江山》和魏巍的通讯《谁是最可爱的

抗美援朝纪念塔

抗美援朝纪念馆俯瞰图

抗美援朝纪念馆

人》，看过现代京剧《奇袭白虎团》，看过长篇报告文学《志愿军战俘纪事》，看过电视连续剧《跨过鸭绿江》，课本里和课外读物中的黄继光、邱少云、杨根思、罗盛教的英雄故事不知道看了多少遍，尤其我会唱"雄赳赳，气昂昂"的《中国人民志愿军战歌》……抗美援朝的艰苦卓绝，抗美援朝的悲壮惨烈，抗美援朝的出奇制胜，这一切都已经契合、融入生命的记忆里，成为身体的一部分。

在抗美援朝纪念馆，我的眼睛是捕捉历史的特写镜头，我的记忆是叠加壮怀激烈的时光模板，我的思绪是不远处滔滔奔流的鸭绿江水……我在纪念馆看到了著名作曲家周巍峙为《中国人民志愿军战歌》谱曲的手稿，看到了著名作家魏巍的《谁是最可爱的人》中表现的英雄连队的壮举。

1950年10月，志愿军炮兵一师准备入朝参战，第二十六团五连政治指导员麻扶摇在安东市四道沟的一户居民家里，被战士们送来的一沓沓决心书、保证书、请战书里的高昂饱满的战斗情绪感染，激动不已，随即写出一首诗："雄赳赳，气昂昂，横渡鸭绿江。保和平，卫祖国，就是保家乡。中国的好儿女，齐心团结紧，抗美援朝鲜，打败美帝野心狼！"在营、连的誓师大会上，麻扶摇高声朗诵，并把它抄在连队黑板报上。新华社记者陈伯坚来部队采访，看到这首诗，认为简略上口，鼓舞士气，建议麻扶摇把"横渡鸭绿江"改成"跨过鸭绿江"，并推荐到《人民日报》发表。周巍峙看到了这首诗，看到了记者采写麻扶摇和战士们摩拳擦掌即将奔赴战场的通讯报道，内心受到触动，旋律马上出来了，这首诗插上了翅膀。《中国人民志愿军战歌》此后在全军、全国唱响，流传至今。

1950年6月25日，朝鲜内战爆发。美国悍然派兵进行武装干涉，并派遣海军第七舰队侵入台湾海峡。1950年10月初，美军不顾中国政府一再警告，悍然越过三八线，把战火烧到中朝边境。侵朝

国防教育园陈列的坦克

美军飞机多次轰炸中国东北边境地区，给人民生命财产造成严重损失，我国安全面临严重威胁。美帝国主义悍然发动对朝鲜的侵略战争，把战火烧到了我们的家门口，而新中国刚刚成立，正是百废待兴急需构筑牢固基础的危难时刻，一首嘹亮的战歌出现，确实能起到"团结人民，教育人民，打击敌人，消灭敌人"的作用。从这个意义上说来，"志愿军战歌"的诞生，让我们的战士又多了一件有力武器。

志愿军第一一二师三三五团三连在松骨峰与敌人遭遇，志愿军将士反应迅速，立即占领路旁高地，在毫无工事依托的情况下，与美军激战5个多小时，决不让美军前行一步。美军集中数十门火炮和近20辆坦克对三连阵地发动一次次猛烈轰击，飞机也向阵地投下数枚凝固汽油弹，将三连阵地烧成一片火海。美军趁势蜂拥而上，三连指战员伤亡严重。即便是弹尽粮绝，志愿军战士也毫不畏惧，所有人员，包括伤员，带着满身火焰，拼死扑向敌军，用枪托、刺刀、石头，甚至牙齿与敌人展开了殊死肉搏，谱写了一曲奋不顾身、舍生忘死的革命英雄主义赞歌。作家魏巍根据松骨峰战斗的英雄事迹写成了著名的报告文学《谁是最可爱的人》。从此，祖国人民把这个光荣称号——"最可爱的人"，送给了志愿军全体将士。

在纪念馆，我看到了杨根思烈士的墓碑、邱少云烈士被烧军装的残片。

1950年11月29日，志愿军第一七二团三连连长杨根思，率三排守卫下碣隅里外围制高点1071.1高地东南小高岭。该高地扼制公路，是美军南撤的必经之路。美军以飞机、火炮对高地狂轰滥炸，倾泻大量的炸弹、炮弹、燃烧弹，高地上硝烟弥漫、烈火熊熊。坚守阵地的杨根思率领三排连续打退了数倍于己的美军8次进攻。当增援部队尚在途中时，美军发起了第九次进攻，40多个敌人爬上阵地，而此时三排的阵地上弹药已经打光，只剩下两名伤员。眼看着阵地就要失守，紧要关头，杨根思毅然抱起仅有的一个炸药包，拉燃导火索，纵身冲入敌群，与敌人同归于尽，用生命和鲜血守住了阵地。战后，杨根思烈士的遗骸被运回国内安葬，曾暂厝丹东市元宝区抗美援朝烈士陵园，后迁至沈阳抗美援朝烈士陵园，墓碑留在了抗美援朝纪念馆，成为革命英雄主义的永恒见证。

1952年10月11日夜，志愿军400余名指战员秘密潜入距391高地前沿60米的开阔草丛中，计划潜伏至第二日晚发起总攻。在潜伏过程中，战士邱少云不幸被敌人打来的燃烧弹击中。邱少云清楚地知道自己身后就有一条小水沟，只要滚向水沟，身上的火就会熄灭，但这样做就会暴露目标，400多名战士的生命将受到威胁，作战计划将功亏一篑。为了战友的生命安全，为了战斗的胜利，他以超人的意志和毅力，忍受常人无法忍受的痛苦，任由大火蔓延全身。熊熊烈火在邱少云身上燃烧了30多分钟，他没有发出一丝声音，没有挪动一寸地方，手指深深插进泥土，直至被大火吞没。战后，战友们发现邱少云的尸体被烧得焦黑，只剩下胸膛紧贴地面的一块棉衣残片，冲锋枪紧靠在萎缩的身体旁，身体下面还紧护着子弹袋，以免引起爆炸。反击部队在邱少云伟大精神的鼓舞下，当晚就胜利地攻占了391高地，全歼敌人一个加强连。

在抗美援朝纪念馆，我看到了英雄黄继光的雕像。志愿军第十五军一三五团二营奉命向597.9高地之敌发起反击，担任主攻的六连的5次冲击均被敌人的一个中心火力点阻挡，随后的3个爆破小组上前均未成功。跟随营副参谋长在此的通信员黄继光挺身而出，带领两名战士向这个火力点匍匐前进。距离火力点不远处，一战士牺牲，一战士重伤，黄继光左臂也被子弹打穿。不能再等了，黄继光忍受剧痛全力躲开敌人机枪疯狂射击，爬行至敌火力点前，投出几枚手雷，却未能将火力点全部炸毁。紧要关头，已无弹药的黄继光毅然决然纵身扑向敌人火力点，用胸膛堵住敌人的机枪孔，以自己的生命为反击部队开辟出前进道路。我看到了上甘岭阵地上的一盒碎石粉末。在面积仅3.7平方公里的上甘岭阵地上，侵略军先后投入6万余人、300余门火炮、近200辆坦克、3000余架次飞机，发射炮弹190多万发，投掷炸弹5000多枚。上甘岭阵地山头被炮弹、炸弹削低2米，土石被炸成1米多厚的粉末。战役结束后，志愿军战士从阵地上随手采集的一盒粉末，竟有5块炮弹残片，大的碎石块1厘米左右，中型碎块0.5厘米左右，大部分已成小米状粉末。

在抗美援朝纪念馆，存有志愿军副司令员洪学智的一级自由独立勋章，平壤以北道路调查材料和朝鲜交通调查图，志愿军参谋长解方在谈判时期使用的照相机，志愿军政治部主任李志民的一级国旗勋章、一级自由独立勋章，第十九兵团司令员杨得志的一级国旗勋章，志愿军第九兵团司令员宋时轮的望远镜、卡宾枪，志愿军二级战斗英雄郑起的军号，"白云山团"奖旗，魏巍《汉江南岸的日日夜夜》手稿，"两洲三国"胡琴，"常香玉号"飞机……2万余件抗美援朝时期文物，1000余幅抗美援朝时期图片以及各种抗美援朝资料3万余份……每件文物、每幅图片、每页资料的背后，都有着一个个鲜活生动的历史故事。中国人民志愿军在武器装备极为落后、战场环境极为艰难的条件下，发扬伟大的爱国主义精神和革命英雄主义精神，同朝鲜军民密切配合，首战两水洞、激战云山城、会战清川江、鏖战长津湖等，连续进行5次战役，此后又构筑起铜墙铁壁般的纵深防御阵地，实施多次进攻战役，粉碎"绞杀战"、抵御"细菌战"、血战上甘岭。历经2年零9个月艰苦卓绝的浴血奋战，最终迫使以美国为首的"联合国军"于1953年7月27日在停战协定上签字，赢得了抗美援朝战争的伟大胜利，创造了世界战争史上以弱胜强的光辉范例。

为完成祖国和人民赋予的使命、慷慨奉献自己一切的革命忠诚精神，凭着保家卫国的坚定信念，志愿军将士用自己的鲜血和生命捍卫了新中国的安全和尊严，体现了对祖国和人民的无限忠诚。在志愿军的行列中，先后涌现出30多万名英雄模范和近6000个功臣集体，19.7万余名英雄儿女献出了宝贵生命。这种甘愿奉献自己一切的壮举，是对革命忠诚精神的生动诠释。这就是伟大的抗美援朝精神："祖国和人民利益高于一切、为了祖国和民族的尊严而奋不顾身的爱国主义精神，英勇顽强、舍生忘死的革命英雄主义精神，不畏艰难困苦、始终保持高昂士气的革命乐观主义精神，为完成祖国和人民赋予的使命、慷慨奉献自己一切的革命忠诚精神，为了人类和平与正义事业而奋斗的国际主义精神。"

走出抗美援朝纪念馆，我面前浮现出魏巍《谁是最可爱的人》中的一段话：

"……我在这里吃雪，正是为了我们祖国的人民不吃雪。……我在那里蹲防空洞，祖国的人民就可以不蹲防空洞呀！"他又把雪放到嘴里，像总结似的说："我在这里流点血不算什么，吃点苦又算什么哩！"我又问："你想不想祖国呀？"他笑起来："谁不想哩，说不想那是假话。……"我接着问："你们经历了这么多危险，吃了这么多辛苦，你们对祖国，对朝鲜有什么要求吗？"他想了一下，才回答我："我们什么也不要。可是说心里话，我这话可不定恰当呀。我们是想要这么大的一个东西，"他笑着，用手指比个铜子儿大小，怕我不明白，又说："一块'朝鲜解放纪念章'，我们愿意戴在胸脯上，回到咱们的祖国去。"

英魂永在　光耀千秋
——抗美援朝烈士陵园

　　抗美援朝烈士陵园在沈阳北陵公园东北侧，大门如破折号，把左墙1950、右墙1953的硕大立体方头数字联结起来，成为新中国发展史不可磨灭的一部分。步入烈士陵园瞻仰的前行路上，由青石板与黑色大理石铺就的地面所呈现的"时间轴"令人惊心动魄：1951，夏秋季防御作战；1951.8—1952.6，反绞杀战；1952.1—1952.12，反细菌战；1952，春夏季巩固阵地斗争；1952.9.18—1952.10.31，秋季战术反击作战；1952.10.14—1952.11.25，上甘岭战役；1952.10—1953.4，反登陆作战准备；1953.10.13—1953.10.17，夏季反击战役……将近3年抗美援朝艰难困苦历程的每个阶段，都在眼前呈现，脑海会有炮火连天浴血奋战的壮烈场面。走在这些数字和汉字上面，浑身上下都有一种灼热感，既为志愿军将士付出的巨大牺牲感到悲痛，也为他们用鲜血和生命赢得的今日幸福生活感到荣光。

　　烈士陵园最高处的纪念碑，在蓝天白云映衬下巍然矗立，主体高23.5米，耸入云天。碑的顶端，是铜铸的中朝两国国旗，迎风飘舞，寓意中朝两国人民友谊万古长青；旗下是手握冲锋枪的志愿军战士铜像，威武醒目，是"雄赳赳，气昂昂，跨过鸭绿江"的特写镜头。碑体正面为董必武题字"抗美援朝烈士英灵永垂不朽"，碑的底部由黑色大理石组成，卧碑上面镶嵌花环，花环两侧刻有

抗美援朝烈士纪念碑

1950—1953年。刻骨铭心的三年，这是志愿军赴朝参战和美国被迫在板门店签订停战协议的时间。卧碑下部刻有郭沫若为志愿军烈士题诗手迹："辉煌烈士尽功臣，不灭光辉不朽身。鸭绿江南花胜锦，北陵园畔草成茵。英雄气魄垂千古，国际精神召万民。峻极高山齐仰止，誓将纸虎化为尘。"碑体背面刻有国务院起草、周恩来总理审阅的471字祭文。

在纪念碑后面和两侧，即东、西、北三个方向的墓区，绿草如茵，松柏苍翠，鸟语花香。123座战斗英雄的墓碑默默站立；地宫里，825具志愿军烈士遗骸英灵长眠。他们当中，有用胸膛堵住敌人枪眼的特级英雄黄继光，有抱着炸药包冲向敌群的特级英雄杨根思，有烈火烧身也不暴露潜伏目标的一级英雄邱少云……

陵园北侧是纪念广场，开放式的圆形，是中华民族回归、和睦、团圆的寓意，也是和平、友好、胜利的象征，更是烈士们牺牲时还揣在怀里的梦想。纪念广场直径53米，是1953年抗美援朝战争取得胜利的年份。烈士英名墙墙高3米，由138块黑金沙花岗岩组成，墙面上镌刻着抗美援朝19万余名烈士的名字，他们如一列列方队，浩繁整齐，金色的魏碑体字在黑色的背景之下，如夜幕里一颗颗璀璨的星星，晶莹闪亮，直击人心。而在阳光之下，19万余名烈士的名字更像是太阳的一道道金色光线，给予现世人间无限的温暖和感动，是他们的牺牲才赢得了抗美援朝战争的伟大胜利。广场中间的雕塑，由花岗岩石雕刻而成，喜马拉雅山的造型，英雄如山，巍然屹立，千秋不倒。

志愿军群雕和烈士纪念馆，位于烈士陵园的陵园广场西侧。一群年轻的志愿军战士斗志昂扬，有的吹响进军号，有的高擎军旗，有的手持钢枪，一个个奋不顾身、前仆后继的英雄形象，是新中国朝阳般升起的力量象征。纪念馆展厅里的五部分内容简要清晰，中

抗美援朝烈士纪念碑底部的卧碑

烈士墓

纪念广场俯瞰图

烈士英名墙

抗美援朝烈士陵园纪念馆展厅第四部分：英烈丰碑

心突出，过目难忘。第一部分序厅的内容是抗美援朝的意义以及烈士纪念馆所担负的责任，言简意赅。第二部分是抗美援朝战争的综述概括，分三个单元：一是"英明决策"，二是"五次战役，稳定战局"，三是"以打促谈，签订停战协议"。第三部分是上甘岭战役全景画，有力描绘出了在这个不足4平方公里的土地上历时43天的保卫战，色彩浓烈，震撼人心。第四部分是英烈丰碑，147位各级战斗英雄，以及4位军级、16位师级、230位团级首长的英雄事迹。第五部分是永恒的怀念，重点介绍志愿军烈士安葬和在韩志愿军烈士遗骸回国事宜。纪念馆里有朝鲜战场的实物，有历史现实的一幅幅图片、信札、手书、报刊、资料，它们所形成的强大气场，令人有身临其境之感。在解说员声情并茂的讲解下，仿佛时光倒流，目前分明就是昨天，就是抗美援朝的前线。

沈阳抗美援朝烈士陵园，充分体现了它所担承的四大区域功能，即以烈士纪念碑和纪念广场为主体的瞻仰区，以烈士英名墙和烈士墓群为主体的祭奠区，以雕塑群和触动性景观为主体的缅怀沉思区，以纪念馆和档案资料馆为主体的沉浸式教育区。四位一体，相辅相成，突出铭记历史、祭奠烈士、弘扬爱国主义的伟大精神主题。沈阳抗美援朝烈士陵园，始建于1951年，初建总面积约6万平方米，第一位入陵安葬的烈士为志愿军第六十六军一八八团团长赵兴玉。此后，陵园经历了几次大规模的改造扩建，如今占地面积达24万平方米。

据新华社记者采写的《青春的方阵——沈阳抗美援朝烈士陵园祭扫记》介绍，97岁的志愿军老战士王凤和在家人搀扶下，颤颤巍巍地来到陵园，为牺牲在朝鲜的团政委马顺天扫墓。他献上一束鲜花，和政委聊天，说着心里话。最后立正，向墓碑敬了一个标准军礼。老兵对在场的参观者说："那时候出国作战，大伙儿就一个想法：新中国刚刚成立，谁敢来欺负咱，绝不能答应！"

黄继光烈士的侄子黄拥军，从四川中江来到沈阳抗美援朝烈士陵园，为三爸扫墓。他首先在志愿军烈士纪念碑前三鞠躬，然后走到黄继光烈士墓碑前，手捧家乡白酒，说道："三爸，我来看您了……"他擦去眼角的泪水，跪在地上磕了3个头，然后起身仔细擦拭墓碑，像在抚摸亲人脸庞，喃喃地说："三爸牺牲时才21岁，还没有成家……"

清明节前夕，在陵园纪念广场，47岁的吴玉成在供桌上摆上一包家乡福建的青橄榄："伯父，我爸爸年纪大了，走不动，我替他来看您，这是老家的青橄榄，您尝尝……"吴玉成的伯父吴雄奎在朝鲜战场牺牲时才19岁。2020年，他的遗骸从韩国迎回，经DNA信息比对，和弟弟吴奎俤、侄子吴玉成认亲成功。在吴雄奎生前唯一的2寸黑白照上，他瘦小的身躯穿着宽大的军装，脸庞稚嫩，充满孩子气。

在刻有19万余名烈士姓名的英名墙下，八旬老人李曼泪流满面，手指抚摸过每一个"李"姓烈士的名字，仔细寻找。"哥呀，你什么时候回来，妹妹想你呀……"李征明1952年赴朝作战，第二年6月牺牲，年仅23岁，至今仍长眠异国他乡。李曼从安徽老家远行千里，希望能在烈士陵园的英名墙上看到哥哥，老人一边哭一边读曾经写给哥哥的家书："你说要送我去女子中学，说要戴着军功章回来见毛主席，说要孝敬父母，你的诺言为何一个都没有兑现……"家书抵万金，可是无法抵达，只能化作无穷尽的思念……

以上几个祭奠现场的画面，被记者敏锐的镜头及时捕捉。在沈阳抗美援朝烈士陵园，虽然每天都发生着如此动人的故事，但每年、每月，尤其清明时节，到此瞻仰、祭奠的人仍络绎不绝，亲人的悼念、战友的悼念、中小学生的悼念、青年一代的悼念、机关事业单

抗美援朝烈士纪念馆内的展品：上甘岭战旗

位干部职工的悼念、工矿企业工人的悼念……一排排少年儿童在此宣誓加入少年先锋队，一队队先进青年在此宣誓加入共青团，一列列优秀分子在此宣誓加入中国共产党。志愿军烈士抛头颅洒热血英勇无畏的牺牲精神，的确需要一代代人的有序继承发扬光大，用以建设保卫我们的国家。抗美援朝烈士陵园，其本身就是一座巨大的丰碑，每一位走进来的参观者，在深深祭奠的同时，又何尝不在净化自己的灵魂？在和平的日子里，该如何用自己的力量，为新时代的进步展现出个人风采？

在平凡中铸就伟大
——抚顺市雷锋纪念馆

"雷锋以永不凋谢永不褪色的花朵般的方式，存在于我们的时代我们的生活，已经站立成一座光灿永恒的丰碑。宁明以鲜亮透明的文字，把读者带入雷锋往事的回顾之中，带入雷锋精神代代相传的现实之中。……诗人把几十年来平凡岗位一贯行之的'为人民服务'雷锋精神的朴素、本色的历史定位，升华到'阳光普照''与人为善''和谐相处'等具有极高价值的文明生态之中，具有人类命运共同体合鸣共情的灵魂同质气象。这是中国对世界的文化奉献。……雷锋精神的发扬光大，正是新时代'春天一般温暖'的象征和缩影。"这是我对诗人宁明书写雷锋的组诗《丰碑》的一段评语。

如果去过抚顺市雷锋纪念馆，或者说正在雷锋纪念馆现场，那么，作为直接的参观者，可能会感受到，我的"说辞"仅仅道出有关雷锋及其意义的一个小小侧面，丰富、详细、清晰、充满生命细节的雷锋的成长过程和现实影响力，在雷锋纪念馆的每个展区里驻足聆听、观看、沉思，会有更为深刻和广博的理解。

雷锋时间。在雷锋纪念馆园区漫步流连，脚下每寸热土都有光芒、有色泽。22块方形枫红花岗岩凿刻出来的22颗五角星，在青石板铺就的路面上鲜亮夺目，生命定格在22岁的雷锋，经过岁月，愈加发出令每一位参观者都为之感动为之沉思的灵魂共鸣。我们的22岁，我们儿女们的22岁，都做了些什么？生命在于长短，更在于它

雷锋纪念碑

的价值和意义，在于它对社会对人民大众作出的贡献。雷锋以22岁生命时间的停止，使一代代人"为人民服务"的精神时间无限延续。雷锋一生，究竟为人民做了多少好事，恐怕连他自己都记不清楚，因为这是他的日常习惯。平凡中的伟大，细微中的能量，才是一个人内心真实的生命状态。

读雷锋1961年5月3日日记："今天早上，下着大雨，我因公从抚顺到沈阳。早5点钟从家出发，在到车站的路上，我看到一位妇女背着小孩，手里还拉着一个六七岁的女孩去赶车。他门（此处应为'们'）母子三人都没有穿雨衣，那个小女孩因掉进泥坑里，弄了一身泥，一边走还一边哭……我急忙跑上前去，脱下自己的雨衣披在那位背小女孩的妇女的身上，马上又背起那个小孩一同到了车站。"上车后，雷锋又脱下贴身的干爽绒衣，给全身湿透冷得打哆嗦的小女孩穿上，又把早上没吃的3个馒头送给她们。上午9点钟，火车到沈阳，雷锋又背起小女孩，跟随她母亲，把她们三人送到家里……四五个小时的外出途中，雷锋把这段时间都用在了帮助他人上。

1960年1月8日，雷锋穿上军装的当天，他把志愿军英雄黄继光的一幅头像贴在日记本扉页，写道："我永远向您学习，为了党和人民的事业，就是入火海上刀山，我甘心情愿，头断骨碎，身红心赤，永远不变。"同一天，雷锋还在日记里写道："……我一定要向董存瑞、黄继光、安业民等英雄学习……把我可爱的青春献给祖国最壮丽的事业。"这一天的两则日记，是雷锋真实情感的自然流露，时间记录了他的心灵轨迹。

1958年雷锋在湖南团山湖农场学开拖拉机，前后用了6天。这是望城县（今长沙市望城区）第一位拖拉机手，雷锋夜以继日地与时间赛跑。雷锋入伍不到一年时间两次立功，获得"模范共青团员"

称号；光荣入党，当上"节约标兵"……而雷锋在日记中多次歉疚，"我为党做的工作太少了"。从参军到牺牲，雷锋只有短暂的950天，不足3年……雷锋一天等于我们多少天？雷锋一年等于我们多少年？雷锋的一生，不知影响了多少人的一生。在雷锋纪念馆的流连，就是内心接受洗礼净化的时刻。

雷锋情怀。雷锋纪念馆展区第一部分"光辉的一生"的5个单元和第二部分"永恒的精神"中的5个单元，把雷锋的身世、成长，在不同岗位上作出的努力与奉献，表述得认真而具体、精致而到位。没有轰轰烈烈、惊天动地，所有的崇高、伟大、壮丽都在生活中的平凡小事中间发生、凝聚，成为一个人终生自在、自为、自觉的言行。雷锋的每幅照片都在微笑，不论是望城县荷叶坝完全小学的毕业照，还是在自己驾驶的汽车旁，不论是在会议的讲台，还是与孩子们在一起……雷锋的日记、报告中，多次讲过"党救了我"。父亲被日本鬼子打死；哥哥当童工手指被轧断脑袋被撞破，无钱治疗被折磨死；小弟弟被饿死；妈妈在地主家也被迫害致死。作为孤儿，6岁的雷锋，给地主家放牛、喂猪、上山砍柴，手被地主婆砍伤，留下深深疤痕……雷锋每次"忆苦思甜"，都在控诉旧社会带给他的家破人亡。因此，雷锋对新中国、对身边的人民群众、对党和毛主席由衷热爱，是感恩报答的赤胆忠心。这种本能的、朴素的感情，正是雷锋服务社会、贡献社会理智升华的基础，也是他"把有限的生命投入到无限的为人民服务之中"的信念与情怀的来源。做革命事业前进的一颗永不生锈的螺丝钉，做建设社会主义大厦的一块砖，一分一秒、一点一滴，在雷锋身上迸发出时代的光彩。

雷锋精神。雷锋热爱党、热爱祖国、热爱社会主义的理想信念，表现在每一次行动中。党号召发展农业，雷锋主动申请从县委机关到农业生产一线，做普通农民；党号召加强工业建设，雷锋离开家

雷锋纪念馆展区一角

名为《永恒的丰碑》的雷锋塑像

乡，到鞍钢去当工人；党号召青年应征入伍，雷锋再三请求参军。服务人民、助人为乐的奉献精神，雷锋说到做到。他说："我活着，只有一个目的，就是做一个对人民有用的人。"抚顺望花区和平人民公社成立，雷锋取出自己在工厂和部队的积蓄，捐100元；辽阳地区遭受洪水，雷锋又把省吃俭用存下的100元寄给灾区。大年初一，雷锋想到服务运输部门忙，便主动去帮忙。在连队，雷锋是"业余修理员"；在医院，雷锋是"劳动休养员"；在出差途中，雷锋是"义务勤务员"；在部队驻地，雷锋是附近学校的"校外辅导员"。干一行爱一行、专一行精一行的敬业精神，仅举两例。

在鞍钢当工人，雷锋钻研推土机落铲技术，既能把煤铲干净又尽量不带一点泥土。在运输连，雷锋虚心请教行家里手，硬是把连里闻名的"耗油大王"车改造成了"节油车"。锐意进取、自强不息的创新精神，是雷锋加强自身学习、不断提高本领的终身遵循。雷锋只有小学文化程度，他以钉子的挤劲儿和钻劲儿，写下9本近20万字的学习笔记和日记。在鞍钢参加焦化厂建设，为有效解决墙砌高以后的运泥速度问题，雷锋同工友们一道，设计发明了"横杆吊斗运泥法"，大大提高了吊泥、吊砖、吊瓦的效率。艰苦奋斗、勤俭节约的创业精神，是雷锋一贯保持的平民本色。为支援农业，雷锋坚持每天捡粪积肥，一个月捡了800多斤，送给驻地农村；他还带领全班战士利用节假日等休息时间积肥3500多斤，送给营区附近的生产队。雷锋的袜子总是补了又补，补了一层又一层，以至于袜子原来模样全部被补丁盖住。雷锋一件夹衣，是从老家带来的，洗了又洗，补了又补，仍然穿在身上。部队发两套夏装，雷锋只领一套。他把部队发的衣服、皮鞋、毛巾、袜子等，常年节约着用，用不完便保存起来，支援灾区。

雷锋文化。雷锋纪念馆整个园区就是一个大文化圈。

由雷锋事迹陈列馆、雷锋墓、雷锋塑像、雷锋纪念碑、青少年教育活动设施等构成的展览区、凭吊区、碑苑区、雕塑区、人文教育活动区，有着强烈的感召力、穿透力，会影响到每一个人关于青春关于生活关于理想的生命思考。尤其是雷锋事迹陈列馆拥有的"雷锋讲坛""雷锋书屋"与"雷锋主题邮局"，已经把雷锋的光辉业绩及其产生的广泛影响融入我们的日常生活，以一种普通却具有代表性的范例传递着雷锋情怀和雷锋精神。在碑苑区前面，一湖碧水倒映蓝天，与周围的杨柳松柏、绿草鲜花、长凳石桌和谐融会，这里已经成为抚顺市民和参观者的休闲养生之地。说到底，雷锋的存在，就是带给更多的人以安康以幸福以快乐。我是唱着《学习雷锋好榜样》《接过雷锋的枪》的歌、读着贺敬之长诗《雷锋之歌》长大的，作为一名"50后"，我和我的同龄人，可以说是见证了整个学雷锋活动的兴起与壮大，以及一个个雷锋式的英雄模范的不断涌出。正如中国红色文化研究会会长刘润为所说："雷锋精神之所以永不褪色、永放光芒，是因为雷锋精神代表的不仅是一个人的精神品格，更是一个不断发展壮大的社会群体的自觉精神追求。……正因为雷锋是一个普通人，容易引起普通人的共鸣；也正因为雷锋是一个平凡人，可以得到老百姓的效仿。"

雷锋同志之墓

绿水青山"干"中来
——大梨树村史展览馆

丹东凤城大梨树村是全国著名的文明村、富裕村，绿水青山的美丽乡村。有关大梨树村和毛丰美的先进模范事迹，在报纸、刊物、电影、电视等多种媒体的宣传下，早已家喻户晓。当然，百闻不如一见，看"景"远远胜于听"景"。

到大梨树，山美、水美、村子美的自然景色，会让每一位参观者目不暇接，最想看的，还是万亩花果山山顶的"干"字广场，去领略"干"字的力量。9.9米高的"干字碑"昂首挺立，3座雕塑，即鸡叫亮天干、头顶烈日干、披星戴月干，与干字碑咫尺呼应，广场周围的护栏由360个"干"字组成。"大梨树精神就是干。苦干：弯大腰、流大汗；实干：重规律、求实效；巧干：讲科学、闯市场。"老书记毛丰美如此定义大梨树的"干"字精神。的确，社会主义是干出来的，发家致富是干出来的，绿水青山是干出来的……大梨树村两次创业带来的两次精神物质文明双飞跃，"让大梨树人过上和城里人一样的好日子"，"让大梨树人过上城里人都羡慕的好日子"。

在大梨树村，会被无处不在的"干"字元素熏陶感染。村委会前，一块巨石上刻着"干出一片新天地"7个大字。即便是大梨树村史展览馆，也没离开"干"字的主题范畴。展览馆外墙采用颜色古老的红砖，朴素简约，四面墙体采用半镂空设计，通透开阔，墙面

的上半部巧妙嵌入"干"字造型，下半部嵌入"土"字造型，大梨树的"干"，就是要造福于这片土地上的人民群众。大梨树村史展览馆展陈分为序厅、尾厅和5个单元，共七部分内容组成。通过图片、文字、影像、实物等表现形式，从不同维度、不同视角，生动诠释老书记的"干"字精神和他可歌可泣、平凡而伟大的一生，以及他忠诚、干净、担当的优秀共产党员本色和品格。毛丰美是一个融入丰碑的名字，是一个融入青山的名字，是一个融入百姓心中的名字。老书记一生为民、心怀大爱，是村民拥护的当家人，是全国农民的代言人，是党的优秀儿女。

原来的大梨树村是"吃粮靠返销，花钱靠贷款，村干部工资靠社员交"的"三靠村"，人均年收入不足百元，穷得叮当响。从1980年开始，31岁的赤脚兽医毛丰美先后担任生产队大队长、村委会主任、村党支部书记、村党委书记、村实业总公司总经理等职，多个担子一肩挑。上任之初毛丰美表示：大队干部的工资自己解决，不用社员负担。他同时承诺，"让大梨树人过上和城里人一样的好日子"。大梨树村"八山半水一分田"，山的比重大，却是荒山。毛丰美说："大头儿在哪儿，我们的希望就在哪儿。我们改不了天，但我们可以换地！"说干就干，他率领村民在杂草丛生、乱石遍地的荒山秃岭开出一片片新天地。用双手、用双肩，一锹一镐干，一篮一担干，十几年连轴干。大梨树人削平20多座山头，修建梯田10600亩，整治河流14公里，修建水库5座，蓄水40万立方米，栽种梨、桃、杏、李子、苹果等各种果树100多万株。

大梨树村史展览馆把老书记毛丰美带领干部群众发家致富的创业历程，整理、介绍得具体翔实。百姓不忘带头人，历史铭记开路者。从"第一桶金"的北上吉林、黑龙江倒腾小米、土豆开始，毛丰美牵头的大梨树村每前行一步，都与时代的趋势、市场经济的拓展、大众生活的实际需求吻合。开设新凤饭店，创办龙凤宾馆，建立凤泽大市场、龙泽农贸中心，发展村办企业，全力治山治水……这一切，都在生态立村的前提下实施完成。大梨树村尊重自然、顺应自然、保护自然，顺势而为。在治山治水的同时，对林田湖草也进行了系统治理，促进了生态环境全面协调可持续发展。如今的花果山占地两万多亩，是国内最大的集体果园、五味子药材园。在山顶远望，绿油油的梯田呈弧形围拢在一面面山坡上，层次分明，如诗如画。走进村庄，街路整洁，牌坊高耸，杨柳依依，小桥流水，清澈河流穿村而过，民居村舍错落有致。正像村史展览馆的解说词所说：良好的生态环境让我们切身感受到，环境就是民生，青山就是美丽，蓝天更是幸福。

老书记毛丰美曾有三次升迁机会，都被他谢绝了。1986年，县里破格提拔他任畜牧局副局长，妻子心动，这是干部身份，不用再当农民了。老书记说，我对村民的诺言没兑现，我哪儿也不去。1988年，他又谢绝了被提拔当乡长的机会。1992年，县里提拔他任主管农业的副县长，他再一次谢绝。毛丰美决心扎根大梨树，当一辈子农民，与老百姓一块苦、一块过、一块干。一定要让大梨树村民过上和城里人一样的好日子。

展柜里几张票据都与毛丰美的高尚品格有关。一张是他妻子丁桂清交款的收据。老书记患癌期间，外出考察学习，妻子不放心陪他一起出行。回村后老书记把丁桂清吃住行的费用，一五一十算清，交到村财务。一张是2008年汶川大地震，毛丰美以交纳20100元"特殊党费"的方式支援灾区。毛丰美办公室至今保留着一个老式的不锈钢大茶缸，患癌后他每天需服用大量中药冲剂，大茶缸口径大、散热快，节省时间。大家不理解，生病吃药很正常，至于把时间压缩得这么短吗？后来才晓得，患癌后毛书记就在计算着自己的生命

小桥流水

大梨树村史展览馆

时间，要争分夺秒抢出来，为村里多想、多做一点事。他平日里穿的所有鞋都是不系带的。只争朝夕为百姓做事、为村里发展，毛丰美按分按秒计算。

大梨树村人民靠勤劳的双手建成了以万亩果园为代表的特色农业，以金翼钛业为骨干的集体工业，以凤泽市场为龙头的现代商业，以农业观光为品牌的乡村旅游业……40年来的不懈奋斗，使人民群众得到了实惠，集体经济得到了发展壮大。2019年底，生态环境部命名全国第三批"绿水青山就是金山银山"实践创新基地，大梨树村榜上有名，是辽宁首个入选者。

2014年9月13日——毛丰美去世前13天，他已经不能走路，他也知道自己时日不多了，非要坐着轮椅到花果山和新建的村史馆去走走，再最后看一眼自己奋斗过的山山水水。他叮嘱身边人员，要做好山路的改造、鲜花观赏带的种植、停车场的使用，以及景区的长远规划……生命最后时刻，毛丰美牵挂的仍是这片土地和家乡的父老乡亲。

大梨树村名字的由来，据说是村子里有一棵梨树长得高大，枝杈繁茂，果实累累，结出的梨也大，特别好吃，曾被当作贡品进奉朝廷，因此大梨树村名扬四方。现在的大梨树村之所以有名，是因为老书记毛丰美向贫穷宣战、敢于担当，生命不息奋斗不止地带领村民苦干实干巧干，使大梨树村成为令世人瞩目的先进模范榜样。绿水青山有了，金山银山已在眼前。大梨树村史展览馆序厅里的铜质毛丰美全身雕像，艺术地再现着生活的真情和生命的质感，他肩扛铁锹、目光坚定，其熠熠神采永远闪耀在大梨树村的绿水青山中，闪耀在社会主义新农村的无限幸福之中。

这里是

薪火

"山海有情 天辽地宁"
文体旅融合出版

听有声书，
聆听辽宁古今文化

『声』临其境

配套视频，
在线博览辽宁魅力

『视』觉盛宴

扫码云游

高清摄影，
带你品鉴辽宁风情

『图』说辽宁

辽宁

音频、视频等以图书内容为基础，有改动。